微商那些事儿

熊一 著

Wechat Business

当代中国出版社
Contemporary China Publishing House

2019年·北京

图书在版编目(CIP)数据

微商那些事儿 / 熊一著 . -- 北京：当代中国出版社，2019.3
ISBN 978-7-5154-0913-9

Ⅰ. ①微… Ⅱ. ①熊… Ⅲ. ①网络营销—通俗读物 Ⅳ. ① F713.365.2-49

中国版本图书馆 CIP 数据核字（2019）第 009326 号

出 版 人	曹宏举
策划编辑	陈　莎
策划支持	华夏智库・张杰
责任编辑	陈　莎
责任校对	康　莹
出版统筹	周海霞
封面设计	闽江文化
出版发行	当代中国出版社
地　　址	北京市地安门西大街旌勇里 8 号
网　　址	http://www.ddzg.net　邮箱：ddzgcbs@sina.com
邮政编码	100009
编 辑 部	（010）66572264　66572154　66572132　66572180
市 场 部	（010）66572281　66572161　66572157　83221785
印　　刷	天津中印联印务有限公司
开　　本	710 毫米 ×1000 毫米　1/16
印　　张	12.5 印张　180 千字
版　　次	2019 年 3 月第 1 版
印　　次	2019 年 3 月第 1 次印刷
定　　价	48.00 元

版权所有，翻版必究；如有印装质量问题，请拨打（010）66572159 转出版部。

前言
PREFACE

近年，随着市场竞争，就业形式越来越严峻。可是压力有多大，出路就有多少。巨大的压力没有让年轻人退缩，反而激发了众多年轻人的创业雄心。

微商的出现，给年轻人提供了实现梦想的机会。短短几年的时间，微商实现了跳跃式发展。从最初的不被认可到认可、不规范到规范、小规模到大市场，从最初的少数群体到今天的全民微商。这一切的改变既是挑战也是机遇。

与淘宝等电子商务不同，微商的发展速度超乎人们的想象。据不完全统计，淘宝花了十年时间，才拥有了不到1000万的卖家。而微商，仅用了一年就有超过1000万的卖家。就目前来说，微商的从业者已经突破了千万，大型微商团队多达百万个，各级代理数量叠加过千的也很常见，月入几十万元的微商案例更是不胜枚举。

微商，作为一种新的创业模式，顺应时代的潮流，紧跟互联网发展的趋势，再加上入门低、投资少、不挑人群，越来越多的创业者选择了微商这一行业，成为微商大军中的一员。并且，有很多人通过微信营销，实现了命运的华丽转折、人生的逆袭。

在互联网时代，站在互联网的风口下，微商迎来了火热的局面。越来越多的"草根"、收入微薄的打工族、举步维艰的传统生意人、价值得不到体现的"宝妈"、刚毕业渴望自由并小本创业的大学生等，纷纷加入到了微商的大军中，实现了最初的理想。可是，在微商的发展历程中，越来越多的弊端也渐渐暴露出来，如：频繁刷屏、过度营销、产品品类单一、质量参差不齐等。

在这种严峻的形势下，如果无法真正掌握微商创业的技巧和方法，很难从中脱颖而出。尤其是对于一些微商"小白"来说，如果不做任何准备，直接跳进微商的海洋中，最终只会被其淹没。

创业一定要做充足的准备，成功一定会有方法，微商创业也不例外。

可以做微商的人很多，真正懂得微商成功方法的人却非常少。因为不懂，就只能徘徊在微商成功的大门之外，或者即便进入微商领域，取得的成绩也不会理想，无法真正地走向成功。

如果你正徘徊在微商的大门口，犹豫是否加入到微商的大军中，不妨带上这本书一同征战微商的沙场吧，它必将成为你的"左右手"。

如果你是一个微商"小白"，刚刚加入到微商的大军中，不妨先慢下脚步，阅读一下书中故事，学习微商的技巧和方法。"工欲善其事，必先利其器"，只要掌握了方法，就能获得你所要的成功。

目录 CONTENTS

第一章
追根究底，了解真正的微商是什么

通过一个小故事，告诉你究竟什么是微商 / 2

微商经历了怎样一个发展历程 / 4

微商的现状思考和未来发展 / 7

微商对社会发展的巨大作用 / 12

从零开始，怎么做微商代理 / 14

微商的 8 种创业思路 / 20

第二章
提高认识，看看自己是否适合做微商

在家带孩子的宝妈 / 28

业余时间想赚点外快的上班族 / 30

想为家长减轻负担的大学生 / 32

想宣传自己淘宝店的店主 / 34

想利用线上销售的实体店老板 / 37

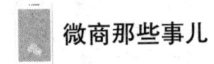

  手里掌握特色产品的人 / 39

第三章
遵守原则和标准，选择适合自己的产品

  选择产品的三原则 / 42

  选择产品的五条标准 / 49

第四章
组建一支优秀的微商团队

  优秀的微商团队需要优秀的领导者 / 60

  成立一个美工设计组，做好活动图片 / 62

  成立专业的售后服务讲师团，做好售后服务 / 64

  明确团队目标与个人目标 / 67

  积极鼓励团队成员努力 / 69

  找一个意见领袖来带动大家 / 72

  制订一个考核标准，培养核心骨干人才 / 74

第五章
熟知文案写作技巧，为营销助力

  明确文案写作的目的是什么 / 78

  知道受众群体是哪些 / 79

  写个有吸引力的好标题 / 81

  从情感出发，事半功倍 / 86

条理清晰，易于理解 / 88

紧跟热点，提高关注度 / 90

告诉客户，他为何要购买你的产品 / 92

第六章
玩转朋友圈，提高销量

明确个人定位 / 96

打造优质朋友圈，为营销提供保障 / 99

写原创内容，发原创视频 / 103

将有价值的内容分享给微友 / 106

学会互动，主动互动 / 109

借他人之力为我所用 / 112

第七章
掌握加粉的方法，储备更多准客户

成功融入微信群 / 116

多上几节微商公开课 / 120

朋友互推是最简单的方法 / 122

合理利用 QQ 空间 / 126

做得好的微商都在使用 QQ 群 / 128

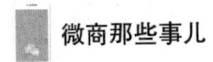 微商那些事儿

第八章
了解提高销售量的技巧,让客户主动下单

提前做好准备,后面才能少走弯路 / 132

准时答复客户问题,提高满意度 / 135

用好心态对待客户,不厌烦 / 137

对待客户,一直都要保持好态度 / 140

做足八小时,不懈怠 / 144

清楚地知道自己在做什么 / 146

第九章
想成为优秀微商,就要具备好心态

像老板一样思考、做事 / 150

不会的东西,就要主动学 / 153

乐于付出,甘于付出 / 156

相信自己,一定能做成 / 158

严格要求自己,提高自制力 / 161

善于坚持,不会因问题而放弃 / 165

感恩所有帮助过自己的人 / 168

第十章
不要步入微商营销的误区

疯狂加粉丝，认为有粉丝就是有客户 / 174

刷屏刷广告，以为越多人看到会越多人购买 / 176

重代理、轻产品，陷入招代理怪圈 / 179

心灵鸡汤，微信文章营销误区 / 182

发红包，越多越好 / 185

后　记

只要掌握方法，你也能成为优秀的微商 / 188

第一章

追根究底，了解真正的微商是什么

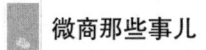微商那些事儿

通过一个小故事，告诉你究竟什么是微商

梅子曾经是我的一个学生，是一名没有任何家庭背景、专业成绩也不突出的"90后"。和很多应届毕业生一样，在一家小公司做着月入3000元的小会计，每个月去掉房租、水电费、交通费、买护肤品和衣服、偶尔请朋友吃一顿饭后，工资所剩无几，是典型的月光族，有时还需要家中开小餐馆的母亲来贴补生活费。作为有职场野心、渴望自由创业的年轻人，拿这点收入是不甘心的，但家里又没有丰厚的家底可以让她去投资创业。她的工作并不是非常忙碌，每天有大量碎片化时间可以利用，为了打发无聊的时间，更想赚点外快，早日赚钱孝顺父母，看到了曾经是她高中老师的我，在做改善亚健康的微商项目，就一起参与了。

开始的时候，梅子使用的方法和大部分微商一样，天天刷屏，销售业绩并不理想，成交的也是一些身边的朋友和亲戚。后来，我给她提出两个思路：一是通过互联网，寻找想创业的人群，和她们真诚地交朋友，忘记要卖产品的事情；二是晒出自己的真实生活，多和朋友圈的微友们互动。

简单的两招，梅子领悟得非常到位，一个月后就通过创业论坛网和女性兼职类QQ群获得了800多名精准微信粉丝。这些粉丝都是和她在群里或论坛里互动交流过的，在朋友圈里，她每天都要和这些粉丝们互动，同时分享一些找工作、找房子的经验，获得了微友们的一致喜爱。

月底,梅子又给我打电话,说:"现在该怎么卖货?"

我写了一条微信文案,交给她,让她分享到朋友圈,内容是这样的:"最近90岁的奶奶吃了这个产品,身体轻松了很多,我自己也瘦了一圈,有没有朋友要的?可以一起买,邮费我包了。"一条简单的微信,当晚就有20多个微友找她拼单,后来有一些转介绍和复购,她当月净赚1万多元,是她当会计工资的4倍。经过三年的努力,她的顾客体验产品后感觉不错,这些顾客当中有许多人需要创业的机会,于是部分顾客变成了代理。梅子利用微信这个工具,将顾客和代理商放在不同的微信群里进行售后服务和创业培训,她的开支很小,时间自由,每天可以随时做售后和各类分享培训。现在,梅子的团队发展到千余人,而且还在持续的增长中,她也早早地买房买车,实现了月入六位数。同时,她还在团队中收获了爱情,彻底改变了生活,在同龄人当中脱颖而出。

微商出现后,就呈现出迅猛发展的趋势。特别是2014年,仅一年时间,就出现了1200万个微店,商品SKU(Stock keeping Unit 库存量单位)总数超过了11亿元,同时微信用户超过5亿人,开通微信支付的已有8000万人。

对于微商,不仅传统行业的老板看不见、看不起、看不懂、跟不上,互联网行业的人士也抱着怀疑的态度。因为,微商发展的速度太迅猛了。

那么,到底什么是微商?大家通常理解的微商可能就是在朋友圈卖东西。其实这只是其中的一个表现形式。可以说,客户在朋友圈中买东西,和朋友圈没有太大关系,因为真正促成客户下决心购买产品的是基于朋友间的信任、人品的认可、专业度的理解及对产品的需求等,这是一个系统的决策过程。在这个过程中,朋友圈仅起到了"媒介"的作用。客户准备购买你的产品时，其实是他对你这个人的认可，同时对你的产品已经心仪很久了。微信仅是微商的一个组成部分，是其中的一个媒介载体，是大家建立互相认可关系的一个平台。

在很多人看来，微商模式是一门投入小、门槛低、传播范围广、足不出户便可推广与销售的好营生，只要用心经营，多加粉丝，就容易获得成功的。

更多的人对微商理解是微商就是利用微信来销售自己的商品。

什么是微商？这个"微"字包含多层含义。"微"是一种互联网工具，"商"是一种商业行为。官方一点的说法：微商就是那些能够利用互联网工具扩大自身社交关系，并进一步产生商业行为的个人或组织。

微商本质就是一种商业模式，是商变的去中心化，更加贴合人，更符合人的消费观念。

微商经历了怎样一个发展历程

微商的发展，跟社交软件中的代表微信有着不可分割的关系。伴随着微信软件的不断升级和使用者的大面积普及，依托于微信上的微商模式慢慢萌芽并迅速崛起，成长速度惊人。

概括起来，微商的发展主要历经四个阶段。

一、微商的起源

微商，最早萌芽于朋友圈的代购。微信不是基于买卖商品而产生的，而是基于分享和互动交流而开发的。朋友去了一家好吃的餐厅抑或买了一件非常好看的衣服、好用的口红等,通过微信分享到自己的朋友圈,其他好友看到后就会评论点赞、互相交流,部分好友也会去那家餐厅吃饭、购买那件衣服,于是就在微信中催生了一批兼职做代购的人群。

随着微信版本的升级,支付功能的推广,兼职微商和全职从事微商的人渐渐增多,各类产品遍布于朋友圈当中。

二、微商的爆发

任何行业,在早期发展中都会存在行业性发展问题,这是无法避免的,微商这个行业也不例外。从事微商的成本低,不受时间、地点所限,只要手中拿着一部手机,就能做微商。随着微信的全面普及,各行各业的人都在使用微信,众多的群体都在通过微信做着小买卖。

这时,微商行业主要是微商个体较多,没有统一的品牌和运作方式。产品质量良莠不齐,从业者年龄段跨度较大,经验素养参差不齐。后来,化妆品、面膜凭借"成本低、暴利、包装方便、易运输"等优势,逐渐占领90%以上的微商市场份额,千万名代理在2014年迅速加入微商这个行业,众多微商品牌以团队化运作,实现了从个人到团队裂变。

早期微商品牌之所以发展迅速,在于他们进入微商行业较早,微商市场大部分处于空白期,他们通过品牌运作、团队作战、层级发展模式,开发、占据了大多数的微商分销渠道,商品分发到各级经销商手中,实现了月营业额过千万元、年营业额过十亿元的惊人业绩。各个品牌为了招代理,给观望者发布煽动性的一夜暴富、炫洋房、炫豪车等急功近利的言论,扭曲了部分人对微商的从业初衷。

三、微商的拐点

2015年4月,央视主流媒体揭秘了微商中三无面膜产业链,曝出了微商面膜产品的贴牌生产、违规添加对身体有害的添加剂、价格虚高、层级招募代理压货等行业黑幕，给面膜微商团队带来了空前的压力。

微商行业出现黑色五月，各类微商品牌业绩断崖式下滑，风靡一时的各类爆款品牌迅速销声匿迹，淡出朋友圈。移动互联网的魅力在于链接一切、易传播、不受时空所限，但是也易被遗忘。对于微商来说，移动互联网是一把双刃剑。

微商经过 2014 年一年的发展，从业人员过千万，简直就是一个商业上的奇迹。但这个奇迹是基于千万微商"小白"代理难以规范化、持久赚钱的基础上的，是无法健康、长远发展的。随着传统贴牌微商和微商模式被淘汰，一些正规的品牌运作模式渐渐显露出来，并引领着微商这个行业向前发展，他们的产品质量更有保障，他们会极其重视终端零售，有系统完善的团队、有专业的售后体系。

在微商行业的不断创新发展中，还出现了许多微商城。微商城依托平台，从源头杜绝了"三无"产品的进入，依靠平台强大的背景和技术手段，保证商品的正常流通。可是，少了互动交流的因素，只是简单地把产品集中到一起，并没有让行业出现新的亮点，这类商城能否出现最终的"领头羊"，还需拭目以待。

四、微商的发展前景

微商经过 2013 年的起步、2014—2015 年的爆发、2016—2017 年的沉淀，2018—2019 年进入了比拼实力的一年。随着《电商法》的出台，未来的微商这一行业，将越来越规范化、企业化，消费者和从业者将拥有多重保障。各行业在市场格局渐渐趋于稳定时，要想占据更多的市场份额，比拼的就是微商企业的品牌整体运营能力、创新实力、开拓市场的战斗力等。

微商借助移动互联网营销的渠道，与线下渠道互相配合，在新的消费群体逐渐庞大的现在，完善整体的流通体系、打通跨屏接触传播、增加客户的消费体验、沉淀积累各环节数据，是企业和品牌在 2019 年之后将面临的任务和挑战。有社交，就会有分享；有分享，当然就有商机。

微商的现状思考和未来发展

一、微商的发展现状

微商兴起于朋友圈。自腾讯公司 2011 年年初发布微信这款移动社交软件以来，用户数量不断增长，进而成为最受欢迎的社交软件。开始的时候，只有少数的微信用户在朋友圈分享自己在海外购买的物美价廉商品，之后受到微信好友的争相预约购买，一时间朋友圈内海外代购兴起。在这样的机遇下，有些人发现了商机，微商也由此萌芽。

2013 年前后，微商逐渐在朋友圈中兴起，朋友圈里犹如商业街般热闹，衣服鞋帽、化妆品、母婴产品、甚至水果等农产品纷纷上架，产品种类繁多，不仅有国内产品，各种海外代购的商品也席卷而来，让人眼花缭乱，朋友圈俨然成了进行商品买卖的生意圈，越来越多的人加入到微商的潮流中。从事微商的群体以年轻人为主，呈现出年轻化趋势，主要人群集中在大学生、家庭妇女和自由职业者。

当前，微商运作主要有两种模式：一种是 C2C 模式，即由个人直接与消费者进行商品交易与买卖，个人亲自与消费者进行沟通；另一种是B2C模式，即企业借助移动社交平台设立公众号，宣传自己的产品并进行买卖。

微商的经营手段主要有两种：一种是自营。商家通过各种渠道自己寻找货源，自己卖产品，通常这些人都具备在淘宝等其他平台经营的经验，也积累了一定的客户群体；一种就是分销代理。

社交，是驱使消费者购物的重要连接，线上、线下社交环境无处不在，社交网络对消费者的购买行为产生了阶段影响。随着移动网络平台的不断覆盖，这一现象在我国表现尤为突出。在相应的社交平台中，人和产品产生需求关系变得异常普遍，而微商也就成了连接二者之间必不可少的重要环节。

2015年上半年，中国移动购物市场份额达8036.2亿元人民币，增长形势惊人，为微商的发展提供了良好的经济和消费环境。据腾讯财报显示，2015年上半年微信月活跃用户上升至6亿，QQ月活跃用户上升到8.43亿，这些用户为微商的发展奠定了基础，也形成了巨大的消费潜力。

二、微商发展中遇到的问题

微商投入小、要求低、操作简单、管理方便，为一大批追随者带来了创业机会和财富收入，可是随着涌入这一行业的人越来越多，微商也逐渐暴露出一系列问题。

1. 部分微商暴力刷屏，给用户造成极大的困扰

在朋友圈进行商业活动的微商，主要依托自己的朋友圈，是在社会交往的关系上开展的。微信朋友圈的功能具有一定的限制，微商在进行产品介绍时一次性最多只能发布九张图片加少量的文字描述，所以为了介绍

大量的产品，有些微商就会不断地发布有关商品信息的图片，造成暴力刷屏，而这一行为恰恰给消费者带来了巨大的困扰。朋友圈是一种私人化的社交圈，漫天的消息推送使得大部分用户很反感朋友圈里的暴力刷屏现象，会直接将其屏蔽，甚至拉黑删除。

2. 部分微商产品质量无法保证，客户利益无法保障

在朋友圈进行商业活动，几乎没有限制条件，进入门槛非常低，导致大量的商家和产品涌入朋友圈。在没有规范和要求的情况下，一些不法商家为了获取暴利，对产品质量不把关，售卖次品、"三无"产品，发布虚假宣传和不实广告，给消费者带来直接的利益损害。此外，与电商购物平台不同，在微商营销模式下，消费者购买商品仅凭商家发布的图片和文字信息，不能参考其他消费者对产品的客观评价，造成两者之间的信息不对称，无法保证产品质量和服务。所以，一些夸大产品效果、制作假成交记录、毫无社交温度、没有服务黏性、甚至疯狂炫富的微商，也将慢慢退出微商的舞台。

3. 付款方式存在一定的潜在风险，支付安全问题需谨慎

不同于淘宝等电商的第三方平台支付方式，当前微商的付款方式主要有两种：微信直接转账和发微信红包。这两种付款方式虽然灵活快捷，但也存在着巨大的风险。例如，有些不道德的微商收到货款后不发货，进行虚假销售；某些消费者对收到的商品不满意要求退款，却联系不上卖家。这些由于微信付款方式产生的弊端，损坏了消费者的利益，也使得买卖双方的信任关系无法维系。我曾在一个刷屏包包的微商手上购买了一个800元的手提包，打款十几天没有收到货，后经催问，商家说断货，过几天就会发，几个月后我想起了这件事，再去催问，发现我已经被商家拉黑了，因为换了手机，没有转账凭证，也就无法举报了。所以，朋友圈展示的纯

粹刷屏微商，终将被淘汰。

4. 部分微商无法完善产品售后服务，客户满意度不高

在朋友圈销售的微商，多数没有正规的实体店，产品购货渠道混乱，质量得不到保证。在微商的营销模式中，消费者如果在购买商品后出现质量问题，无法得到及时处理，一些微商也无法提供完善的售后服务。此外，部分微商也不会给消费者提供正规的发票，无法保护消费者的权益，大大降低了消费者的购物满意度。所以，未来有实体店、有完善的售后服务体系、不断建立和创新客户黏性的微商才能越做越大，获得消费者信赖，形成良好的口碑。

三、微商未来发展趋势

1. 微商＋自媒体

个性自媒体，依托有看点的朋友圈文案的呈现，让暴力刷屏、加粉及售假等微商行为得到大范围清洗，拥有优质产品及良好的粉丝圈的微商必然会长足发展。另外，微商运用微信群、企业微信等媒介，凭借自身的规模实力，在货源、信用体系和消费者保障方面会提供更全面的解决方案，与品牌商、个人商家保持高度的联系，才能在短时间内形成用户规模。同时，随着自媒体微商的发展，微商的品类和份额会渐渐平衡，呈多元化发展。

2. 微商＋C2B

这种模式会成为未来去中心化的商业潮流。微商完全可以先设计产品或把正在生产以及即将生产的产品放到平台（公众号、官网、在线学习图书馆等经销商网络）上，向用户寻求意见，为品牌注入个性化、定制化和多元化的特性。以消费为导向的微商社交渠道，更能快速定制适合社交渠道的"小而美"的产品。这样做，既可以聚合分散的客户群，形成强大的

采购产业链，改变过去那种一对一地采购的价格劣势，享受到批发商的价格优惠，又能根据客户个性化定制产品，邀约厂商生产，以客户需求为引导，促使企业柔性化生产。厂商也可以以销定产、降低库存、减少销售环节、降低流通成本。

3. 微商＋O2O，即线下的商务机会和线上互联网结合

微商是移动电商最快速的销售渠道之一，从线上解决了传统零售效率低、购物流程慢、复购率低等问题。微商＋O2O 模式是移动端和各级经销商快速开店，结合 LBS 的使用场景，能有效地将线上线下融为一体，通过线下体验中心、工作室等实体店，用沙龙、产品分享等方式聚集人流或开展人才技能的培训，重视企业文化的打造和传播。去中心化的流量，让商家信息传播的渠道缩短，社交圈完全可以直接分享和评论，甚至现场成交。这种形式会进一步促使交易流程加快，从社交圈的链接直接产生购买，信任度也更强。

4. 微商＋农村

资料显示，自 2013 年第四季度开始，京东已经在全国 100 多个乡镇刷墙 8000 幅。农村电商自 2009 年以来呈现爆发式地增长，2013 年仅在淘宝和天猫平台上，从县域发出的包裹就约 14 亿件，淘宝网和天猫上注册地在农村（含县）的网店超过了 200 万家。目前，农村是传统电商份额的必争之地。农村使用微信的人群逐年增多，农村市场有着良好的本地化社交基础，口口相传。同时，农村消费习惯和城市也日益接近，微商进军三四线市场和广大的农村市场也就成了必然趋势。

微商对社会发展的巨大作用

如今,微商已经成为一个热词。这个词的热度持续不减,一方面与互联网商业的快速发展有关,另一方面与人们的购物需求有关。当前人们利用各种社交软件的使用频率越来越高,尤其是随着手机媒体的发展和应用,甚至有许多年轻人提出"可以没有男女朋友,但是不能没有手机"的观点,只要使用手机,就能方便地浏览到相关信息,而流量的高度集中,也给微商的出现、发展提供了条件。

人们对微商的评价褒贬不一。有的人认为微商的发展方便了人们的生活,是一种全新的商业销售渠道,与淘宝、京东等电商平台基本上相似;也有人认为微商的发展存在很大的信任危机,微商规模一般都不大,所售的商品可能有假,很多人对微商持保留态度。

微商的产生,对传统经济是一种冲击,对网络经济却产生了良好的促进作用,带动了网络经济的快速发展,具体表现如下。

一、微商拓展了网络经济的范围

微商是网络经济中一个十分重要的分支,随着互联网的快速发展,网络经济已经成为我国经济体系中的重要组成部分,是我国经济发展的重要拓展,是与实体经济互补的一种经济形式。

我国人口数量众多,有很强的购买力,再加上我国是个制造大国,发展网络经济的基础比较扎实，因此，我国的网络经济发展十分迅速。仅就淘宝网来说，每年的"双十一""双十二"等促销活动，其营业额都可以达到百亿级别，由此可见，网络经济的发展势头异常强劲。

微商可以利用微信、微博等平台对自己的产品进行推送，提升营销效果，提高交易效率。微商是电商重要的补充形式，加强微商的应用，可以有效地提高网络经济的活力。

二、微商对网络经济的运行环境有一定的影响

微商的发展，建立在各种媒体平台的发展基础上。比如，互联网、媒体终端的不断发展，为各种信息的传递提供了全新的通道和平台。新媒体平台在人们生活中的广泛应用，不仅契合了人们的生活方式，也契合了市场的开放性。

相对于传统的商业经营模式来说，微商经营更加灵活、自由，地域条件也发生了相应的改变。传统的商业营销都有固定的场所，微商却没有。微商是伴随着互联网存在的，只要有互联网，就能从事微商活动，从这个意义上来说，微商是一种没有界限的商业形式，是对传统商业模式的重要挑战。

如今，信息全球化使得全世界各国企业之间的交流变得日益频繁，微商交易中的产品种类也越来越丰富。比如，海外代购越来越多，刚需微商商品越来越多，人们打开微信朋友圈就能找到生活中的许多刚需产品，随意聊天几句即可成交。成交后，等待一两天产品就可以送到家，其产品涵盖了全世界范围内的各种资源。微商的发展使得网络经济的运行环境发生了一定的改变，也为网络经济的快速转型和拓展提供了必要的支持。

三、微商使得传统的网络经济管理方式发生改变

微商的出现，对于网络经济的影响还表现在网络经济的管理方式发生了巨大改变。微商为网络经济提供了十分完善的交易环境和基础，当前很多交易都可以通过手机操作完成，因此，在微商的交易过程中，很多信息都可以进行优化，很多跨区、跨国企业之间的生产要素都能得到相应地配置，能使不同的经济实体不断提高竞争实力，可以有效促进网络经济的经营管理方式的改变。

从零开始，怎么做微商代理

2015年的行业热词是"微商"，它仅仅用了短短一年的时间，便迅速成长为一个行业。

很多微商会在经营的过程中发问：微商怎么找客源、微商代理怎么做、微商代理真的挣钱吗？我的答案是，微商当然赚钱，关键要看你怎么做。

传统行业，要想成为某个品牌、某个产品的代理商，至少需要缴纳上万元甚至几十万元的加盟代理费用，让很多手头没有资金的普通人望而却步、创业无门。可是微商时代，每个人都可以当代理，小额的资金就可以进货，成为代理商。微商之所以定义为"微"，是因为它单独发展不会壮大，却可以通过连续的代理商加盟实现无限裂变和倍增。

一、微商代理主要形式

目前，微商代理主要有7种形式。

1. 零费用代理

这种形式门槛较低，只要有圈子，就可以转发产品进行销售，不需要任何代理费用，也没有人工、房租等开支，交易时间和场所也自由，只要进货，同时销售了商品，就能从中赚取差价，带出的经销商团队还有奖金等收入。

飘飘是深圳一家物流公司的白领，月收入过万元，但因为深圳房价高，她一直存不到首付的钱，而现在做微商所挣的钱早已超过工资收入的十倍。通过亲戚介绍，她成为一家公司的总代理商，因为平时为人诚实，做事有条理，细致认真，身边的亲朋都对她评价很高，人际关系基础非常好，目前已经发展为从市级到省级代理到全国总代理的团队，同时还有零售商，每个代理都从她这儿拿货，仅靠差价，她就收益颇丰。另外，还有卖货后分得的竞争补偿，所以，短短两年多时间，她就已经赚取了过去当白领十年都存不到的首付，成功买房。

由此可见，代理分级销售对于想以代理形式加入微商的创业者来说，确实是一种很不错的形式。

2.一件代发

这种代理模式非常简单，代理后只要进行销售即可，不用囤货发货，只要将用户信息发送给上级，上级就会帮忙发货，且发货人直接写代理者的名字。

丽君曾经做麻辣食品的一件代发，因为图片精美，极易引起被刷屏人的食欲，成交率非常高，月入几千元极容易；中敏是我的一个学生，看到打底裤是刚需，人人需要，自己购买也便宜，所以在朋友圈发一发，有朋友需要就发货，赚差价，第一个月赚了两千多元。

但这种形式因为无门槛、零散交易、不成营销系统，所以大部分一件代发的微商做一到三个月就很难坚持下去了。

3. O2O 模式

所谓 O2O 模式是指，运用现有的人际关系进行线上线下转化，既可以将线下的产品进行线上销售，也可以让原有的线下粉丝进行线上购买。

静静是一家美容院的老板，我曾在她的美容院做美容，她有很忠诚的顾客群体，美容院也有一些推广项目，于是她把线上的爱美系列产品（面膜、减肥代餐等）推给美容院顾客，同时把店里的脱毛、美瞳、去斑、点穴减肥等项目放在微信朋友圈一起推广，每月增加上万元的收入。

4. 佣金代理

佣金代理，也就是代理人根据实际销售产品获得佣金，这种形式在一些平台运作中比较常见。

5. 独家代理

在某一区域内赋予个人或企业独家代理权，为保护独家代理利益，该区域内不能再委托其他代理人，这种地域限制的代理模式，不太符合微信互联网的大趋势，所以很难发展壮大。

6. 代理大会

前期进行宣传推广，吸引一定数量的粉丝，后期把粉丝聚集在一起召开代理大会，介绍产品，完成代理招募。

我的朋友婷婷做某美体内衣的微商销售，在微信中引流一些粉丝，以学习美体、健康等主题公益课的形式邀请大家聚在一起，进行产品和模式营销介绍，在数百名顾客中产生代理商。

7. 拉客代理

针对门店的微商经营方式，利用微信平台与用户建立互动关系，提高用户进店率，从而产生订单。

李姐开了多年的鞋店，因为电商冲击，进店的顾客越来越少，她通过进店顾客扫二维码的形式加好友，同时在朋友圈展示鞋子的款式和招代理模式，实现拉客代理模式运营实体店，增加部分收入。

总之，微商代理模式多种多样，适合不同的企业和不同产品。不论选择哪种代理模式，找到适合自己的推广方式和产品销售渠道，才是成功的创业。

二、提高竞争力

微商创业确实能挣到钱，只不过能挣大钱的都是掌握了方法和技巧且愿意持之以恒努力去做的那部分人。挣到钱的微商每天都在寻找客源、研究怎么做大团队、寻求把团队渠道做得稳健的各种方法。因为世界上从来没有随随便便的成功，任何成功都需要付出艰辛的努力、持续的耕耘。如果没有方法和技巧，面对巨大的压力，怎么和别人竞争呢？

1. 选择合适的产品

只有选择一款好的产品，才能给你带来财富。所以，产品的选择一定不能盲目。要知道自己面对的客户群是什么样的群体，产品主要针对的是哪一类群体，如学生、社会青年或宝妈，这些都是需要考虑的。只有产品选择对了，锁定了消费群体，才能开展产品销售了。

2. 选择信誉高的上级代理

什么样的上级代理才是好的呢？首先，好的上级代理一定会对你负责，不是拿完货就不管不顾了。其次，好的上级代理能给你提供一个发展的好平台。试问，没有好的发展平台你能做大做强吗？再次，好的上级代理都有实力且用心，没有实力的或者不上心的人，三天打鱼两天晒网，自己都做不好，怎么给代理带来好处呢？

3. 寻找理想的客源

对于微商来说，最重要的就是人脉。没有人脉，再好的产品也无法销售出去，那么怎么找准客源呢？如果想做好微商，就要学会引流精准客源，让对你产品感兴趣的客户主动来加你，才能提高效率。

三、让客户主动加你

那么，怎样才能让客户主动来加你呢？

1. 用百度引流

百度贴吧是一个流量很大的论坛，在那里做宣传，效果往往事半功倍。因此，要想让客户主动加你，就要每天坚持发五六个帖子，回复七八十个帖子，注册几个用户名并准备十多条广告词，随便选择板块，只回帖，不发帖。许多护肤品大微商都是用这样的方式引流和加人的。

2. 合理使用论坛

到大学生比较多的论坛发言，推你的微店地址，吸引更多的人添加你的微信号，分销商人数才能获得最快的增长，进入整个微信渠道的人才会更多。2014年年初，这种方式加人，被一位软件工程师灵活使用，快速引流一批粉丝，添加微信后，在微信群里进行创业讨论，然后一起加入了他的产品代理团队，一年时间就创造了上亿元的营业额。

3. 重视公众平台

可以原创文章，或者引用好文章，巧妙地加入自己的微信号，然后发到自己的微信公众平台上。文章标题是关键，一定要达到吸引消费者主动转发的效果。

4. 利用微信群提供价值

比如，我曾在两个月时间微信新增3000人，而且一般是别人主动加我，原因就是在一次创业讲座时，我帮年长的老师提供现场服务，在讲座结束后向大家宣布，如果有问题想请教老师的，可以在群里提问，我用面对面建群的形式，把现场的四百多人加进群，然后我用一个月的时间，帮老师整理笔记分享给群里的好友，他们为了获取更多的信息，纷纷主动来加我，而我在服务这些微友的过程中，忘记自己是微商的身份，真诚地为他们服务。同样的方式，在另外的微信群，通过亲子、英语教育、择校、留学咨询、奥数、小升初等相关信息知识分享和服务，同样获得一大批微友主动来加我。

有了一定的粉丝群体，之后在进行微商创业过程中，就增加了很多精准对象。

5. 保持心态良好

不管做任何事，天上没有掉馅饼的好事，不去做，躺着就想挣钱，那是不可能的。既然决定做了，就一定要有做到极致的心态，在一个产品或一个平台上，不断深耕市场，培养代理商的销售能力和人际交往能力，那么，你的经销商系统就会非常健全，渠道流通良性发展，让你的团队越来越强大。如果一年之内，你的公众号或朋友圈，接连换了好几款杂乱的产品、多家小公司，信誉是会大大受损的。

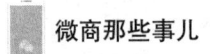 微商那些事儿

微商的8种创业思路

微商不仅可以销售实物产品，还可以为客户提供服务、经验、人脉和平台，本节跟大家分享几个微商的出路，帮助大家捋清自己未来可以走哪一条路。

一、做个微商红人

邓邓是我的闺蜜，是个知性、情商高、漂亮的"80后"微商。她是一个微商网络红人，因为她卖什么，朋友们就会跟着买什么。四年微商，差不多积累了数百万元的财富。

和大部分人一样，邓邓并没有雄厚的家庭背景，也没有任何的人脉资源。在做微商之前，她开过店、打过工。2014年8月，当很多微商还在苦苦刷屏什么都卖的时候，她只做一款产品，主打某品牌的精华素。第一个月精华素销售近万瓶，之后迅速组建了自己的团队。

截至2015年年底，仅精华素的销售流水就达到了300万元。在2016年1月，做类似产品的微商越来越多，当大家都选择做单品爆款的时候，邓邓又转换了思路：一个客户想买一套护肤品可能要几个牌子才能凑齐，如果微信上可以销售一个品牌的整个系列，必然会成为下一个亮点。于是，她又做了护肤品系列，结果只是发了几条朋友圈，不到8个小时，营

业额就达到 10 万元。

邓邓喜欢交朋友，是个热心肠的人，不管别人会不会成为她的代理商，她都会把她自己知道的东西分享给别人，因此交到了很多做微商的朋友。她告诉团队的小伙伴，做生意不能只想着生意，要先交朋友，后做生意，别人认可你的为人就会认可你的产品。这也是她做微商的原则，任何时候都是以交朋友为目的。

邓邓是一个危机感很强的人，她觉得微商永远不变的就是变化，团队领导者一定要跟上这个变化，不仅是教方法、带团队，还要具备挑选产品的眼光，她就充当起了这个角色，经常选择好的产品、有差异化的产品分享给大家。她的代理都是主动加入团队的，大部分都是关注她朋友圈很久的人。她发朋友圈非常生活化，看了她的朋友圈，基本上就对她的人品了解了七八分。对于刚刚起步的代理，她会给予中肯的意见，微商不能一夜暴富，要想靠微商提高收入，就要打造好朋友圈，打造好个人品牌。

因为她为人风趣幽默，真诚待人，对朋友毫无保留，让她在哪里都非常受欢迎，也让她成为朋友心中的"微商红人"，更让她通过做微商事业，赚到钱、收到大家的"心"，创造了自己的一番事业。

二、借力网络大号销售产品

很多传统行业转型难，其实，传统行业有着丰富的行业经验和营销思维，有着丰厚的人际积累，微商完全可以借力网络大号的方式来进行产品销售。即使没有太多的粉丝积累，也不要灰心。只要会做人，有思想、有态度、有创意，对他人有帮助，就能实现双方共赢，就会有很多人借力、给力，甚至在一夜之间借他人之力塑造自己的品牌。

小红帽是个卖水果的微商，想和微信大号一起卖水果，然后分钱。当时，她的第一反应不是合作的效益，而是这种合作背后的机会。当然，还有其他产品，都可以通过微信找到精准客户群。例如，在微信中搜索"吃货"、"吃喝玩乐"，会搜出几十个认证账号，通过和这些人商谈，总有合作的机会。

三、成为为微商服务的技能专家

1850年，美国旧金山的矿工每天都在疯狂地挖矿，希望能够一夜暴富，结果却买不到一条耐磨的裤子。精明的李维斯利用积压的帆布做成了裤子，畅销全球，成为世界名牌。如果李维斯也跟风挖矿，很可能挖不到多少金子，但有一点可以肯定，那就是李维斯牛仔裤就不会出现了。

做微商也一样，如果所有的微商都去销售同质化的产品，而自己的持续性学习力又相对弱的话，可能赚不到钱。在微商群体中，有很多想通过微信营销的个人和企业，各种各样的需求，都需要掌握技能的人来帮助解决。于是，就诞生了做微信网站的、做微信个人名片的、做微信喜帖的、做调查研究的，这些都是通过微信营销衍生的技术和产品。

做微商，就不能盲目跟风，更不能一味地去做同质化的事情。只有找到自己的优势并放大，才能快速走向成功。谁说微商只能卖产品呢？销售自己的技能、销售自己的经验，帮助更多人快速获得成功，也是新型的微商创业思路，千万不要小看自己的技能。

四、争做意见领袖

紧盯一个行业，深挖下去，从了解到有所见解并分享出去，就可以成为意见领袖。

优秀的微商都是意见领袖，他们有各种各样的想法，会毫不保留地分享出去，无论对或错。他们勤于思考、善于实践，一旦有了结果，就会拿出来跟大家一起分享，即使只能帮助一小部分人，也会感到很开心。

来自北京的江玲，曾是一名公务员，下海后从事过品牌管理，当过金融公司高管，能歌善舞，多才多艺，个人公众号也经营得非常出彩。她转行做微商的时间是2018年1月，因为有较好的人脉基础，同时公众号也运营得很好，在团队中，因为才华横溢，个人业绩出色、热爱付出，成为大家争先恐后学习的对象，她对团队提的一些意见也非常实用，是大家心中公认的意见领袖。

成为意见领袖最好的方式就是把理念和经验销售出去。很多微商说自己没有经验，其实只要多看书，多听别人讲，深入优化，把别人的东西变成自己的；然后，根据之前的积累创造自己的内容，发布到自己的朋友圈或者公众号，有输入就要有输出，只有真正的输出自己的理念才能变成一个有独到见解的人。每个人都能成为意见领袖。

五、为人民服务

有很多人还没有找到产品，没有明确创业方向；有些则想来学习和参与到微商中。这部分人大都有自己的本职工作，但他们想做"勤劳的小蜜蜂"，可以在帮助大家的同时，还能赚取一点零花钱，自己还能持续地学习。

雨燕就是一只"勤劳的小蜜蜂"，她之所以要做微商，是因为平时接送孩子之余，有些闲暇时间，想知道微商到底是干什么的、怎么干？学习完后，她决定跟着社群小伙伴一块玩下去，因为这里有很多商机，大家都在无条件地为社群付出，最终所有人成为了项目的合作伙伴。

六、做人脉连接者

做微商，要在需要你的平台和你需要的平台上多做活动，也需要有一个平台做你的后盾。在微商路上不要觉得自己很卑微，不要认为自己一个人力量有限，因为你背后有人，你背后是整个社群平台，有成百上千的微商们，还有老师。没有多少人能有这些资源，你的背后有着产品、营销方法、团队、资金和社会关系。只要成为平台的一员，就能成为平台的人脉连接者。

我的学生梅子，是一个刚毕业的大学生，无人脉，也无过多的技能，出身农村，想要在大城市立足，小到感冒咳嗽，大到想要租房、办理保险等，都无人可以商量。加入微商团队后，发现团队里什么职业的人都有，她买车时有教练提供建议；买房时有认识开发商的老板，可以优惠好几万元；身体偶有不适在犹豫要不要去医院时，团队内部的医生告诉她一些简易、快捷治疗方法，省钱又免受看病烦恼；想要自我提升时，团队内部的教育工作者会告诉她如何提升学历、自我成长；穿衣搭配也有服装店老板娘帮她参考；选择男朋友时，更有多人帮其出谋划策；做现金流的合理理财规划时，有团队内部的银行工作人员提供意见等，意想不到的人脉倍增。

七、销售自己的经验

自媒体时代，主流媒体如电视、报纸、期刊等的声音逐渐变弱，人们不再接受一个"统一的声音"告知对或错，每个人都从获得的资讯中，对事物做出自己的判断。

自媒体有别于由专业媒体机构主导的信息传播，是由普通大众主导的信息传播活动，由传统的"点到面"的传播转化为"点到点"的对等传播。每个人都可以通过论坛、博客、微博、微信和新兴的视频网站、直播平台等自媒体，尽情地表达自己的观点和生活感悟。

这里，可以说自己想说的话，可以做自己想做的事，不用担心别人怎么说、别人怎么评论；可以拥有无数的粉丝，将粉丝转化成经济效益。

八、自建圈子做分享

有些微商总是说，自己在微信中添加1000个陌生人，有700个人都是微商，产品不知道卖给谁。是的，因为只有微商才会在微信中主动去添加人，所以这种方式添加的大多是同行。如果你从线下面对面添加100人，会有多少个微商呢？大约只有3、4个。线下客户才是微商的目标客户，因为他们虽然不做微商，但对微商这个职业充满了好奇，你就很容易成为他们的微商导师和移动互联网的领路人，如果手头有合适的项目，就可以一起谈合作继而进行微商创业了。

第二章

提高认识,看看自己是否适合做微商

在家带孩子的宝妈

兰霞是个"80后"宝妈，从内陆嫁到沿海城市，又是潮汕人家，文化水平不高的她，结婚后一直专心带孩子，生活费也不多，所以想要自己分配支出却又不忍心花老公的钱，因为做生意的老公太辛苦了；而且骨子里要强的她，不想伸手向他人要钱。她为人亲和、实在。日常生活除了做微商，就是到菜市场买菜。每天忙着做家务、照顾孩子，还要赚钱养家，说起她的辛酸经历，不得不让人感叹。

都说女人不容易，面对生活的无奈，兰霞感到身上的担子突然重了起来；没有过多的存款，只能去找工作，赚钱来维持生活。可是出去找工作，没文化、没技术，年纪也不小了，又找不到合适的工作；而且孩子太小没人照顾，工作异常不方便。

无法出去上班的兰霞，一次偶然的机会，看到小区里一位钢琴老师的微商生意做得风生水起。她觉得很不错，时间自由，适合带孩子的她。于是兰霞就成了她的代理。可是，万事开头难，一没人脉、二没方法、三不懂电脑，兰霞只能坚持不懈地努力，跟着团队一点一点地学习。从开始什么都不会，慢慢地发展到有了自己的团队。兰霞每天都要忙碌到凌晨，后来，觉得自己必须学会使用电脑，于是专门买了电脑来学习。她每天早上7点起来给孩子做早餐，白天在手机和电脑上与代理和客户沟通。一直坚持到现在，兰霞有了自己的存款，月入六位数，还买了宝马车。

成功人的背后，都有一段心酸的历程。世上无难事，只怕有心人。很多人每天抱着手机玩游戏，兰霞却在拼命赚钱。她不抱怨、不放弃，只要有一丝希望，就会尽一切努力去做。

7月的深圳，天气非常炎热，兰霞带着孩子和自己的代理商四处摆摊做宣传，送小礼物加微信。虽然看似简单的事，可是要坚持下来，也很难。在她眼里，经济独立，女人才能绽放光彩。

很多时候不逼自己，真不知道自己有多优秀。朋友跟她聊天，都是满满的正能量。兰霞的真诚、善良，感染了很多人，很多人都成为她的代理。她不仅是一个好妈妈，还是一个负责的好上级代理，带领团队，亲力亲为，从不放弃任何人，尽可能地帮助代理成长。

兰霞经常说的一句话是"只要你想，就没有什么做不到，什么时候开始都不晚，重要的是你敢不敢迈出第一步。"

人都是被逼出来的，一直安于现状，是社会逼你的程度还不够。当你处在绝境时，自然会去寻找出路。

做为母亲，不仅要扛着所有压力，更要尽自己最大的责任，做微商的宝妈都是累并幸福着。

宝妈一般都有着较多的空闲时间，朋友圈子多半是宝妈，有市场。因此，宝妈们完全可以建一个妈咪群，相互聊教育孩子的话题，有话题了就容易互加微信，方便联系。

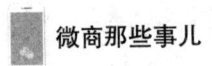 微商那些事儿

业余时间想赚点外快的上班族

果果丽是一个公司的财务经理。她对于微商的了解也只停留在朋友圈。她每个月拿一万元左右的工资，没有什么其他特长，所以从来没有想过要改行。直到一次公司的裁员事件，让她感到危机。万一被裁员的是我呢？她终于明白了，不能单靠着这一条生计。后来，果果丽发现很多人都在做微商，每天看着他们在空间发图晒收入，不由地有些心动，看到有同学在代理一款养生健康产品，就决定试试看。

在团队的带领下，果果丽开始了微商之路。她从2016年4月到现在，两年的微商经验，创造了千人团队，带出了月入五、六位数的微商大咖。

转眼间，2018年已经过去，回过头来看看这一年，果果丽从当初的"微商小白"到现在拥有属于自己的微商团队，有泪水，有汗水，但她依然凭借着自己的坚持获得成功。

刚开始果果丽的微商之路也不是一帆风顺的。后来，在上级代理的带领下，果果丽看到很多人不停地出货、招代理，通过各种线上、线下的沟通和学习，她找到了方法，一直都保持着较好的销售业绩。想到自己有时为了接送孩子的各种踩点和不自由，父母都老了，也少有时间陪伴，她索性辞去了财务经理的工作，全职做微商。于是，她从最初的小经理收入万元到现在坐在家里就可以稳赚十几万元，随时可以陪伴家人，微商不仅让

她增加收入，也让她收获了无数的信任与朋友，身心自由。

果果丽大方地分享自己成功秘诀。

一、选择过硬的产品

一定要选择正品，选择过硬的品牌，千万不要选择"三无"产品。如果自己资金不宽裕，可以先做小代理；攒够了钱进货时，一定要自己进货，因为你不能保证上级代理不会断货。

二、找个好的上级代理

做好决定后，行动是最重要的。作为新人，找个好的上级代理很重要。现在，很多卖家打着包教包会的幌子，等到付了钱从他那里代理了商品，他就不管人家了。因此，要想学到更多的东西，就要找个好的上级代理。

三、自身不断努力

微商，师父领进门，修行在个人。同样的生意，不同人做，会出现不同的结果。遇到一个好项目，只要你自己肯努力，一定会赚钱。三天打鱼两天晒网，感觉别人能挣钱，自己肯定也能挣钱，空有想法而不去持续行动的人，并不适合做微商。

如今，越来越多的上班族走上了微商的道路，并且取得了一定的成功。上班族之所以适合做微商，主要原因在于：

第一，时间比较自由。有些上班族平时一般不太忙，闲暇时间较多，空闲时间逛街、搜淘宝，今天看上一双鞋、明天看中一件衣服，购物车里满满都是愿望清单。

第二，会合理安排时间。上班族兼职做微商，一边工作，一边合理安排时间做微商，下班、晚上、周六、周日都是兼职赚钱的宝贵时间。

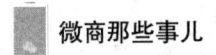

第三，收入能翻倍。做微商可以让上班族收入翻倍甚至更多，每个月除了现有的工资外，还有一份额外收入。一个月两份收入，不仅可以大大减轻生活压力，还可以充分满足自己的物质需求。

第四，拓展社交范围。上班族兼职做微商，可以认识更多的朋友，拓展社交，增加人脉，实现自己的人生目标，让生活更加有意义。机会面前人人平等，谁能抓住，就能证明自己的能力。

想为家长减轻负担的大学生

李辉是一名经济学专业的学生，大三那年，微信在大学生中的普及让他看到了微商市场的潜力。

一次，李辉为女友送水果。他认真思考了一番，觉得微信卖水果大有赚头。于是就利用微信，免费申请了一个微信公众账号——"甜水果"正式上线。微信营销，关键就在于粉丝的关注，李辉和同学开始"扫楼"。他们将印好的宣传单和广告页散发到学校的宿舍楼、食堂、教学楼；还利用课间10分钟，将专业拍摄的"甜水果"宣传短片逐个在教室放映；为了快速涨粉，他还推出了一个"关注一块钱"的活动。对于平时订单数量较少的宿舍楼，他就进行第二轮、第三轮宣传。3个月后，在强大的宣传攻势下，"甜水果"粉丝关注人数由最初的零发展到四千余人。

李辉深谙商业之道，客户都是同学、老师，不能做"一锤子买卖"，他觉得物美价廉、贴心服务才是正道。"甜水果"根据同学们的个性需求，不时地推出由各种水果组合成的"考研套餐""情侣套餐""土豪套餐"等个性化服务。另外,微信平台上不仅售卖商品,还会推送天气预报。

仅用了3个月的时间,"甜水果"就风靡全校。如今,李辉已将业务范围扩大到零食、化妆品、电子数码等,并积极引进商家入驻。客户通过"甜水果"下单购买合作店铺的商品,就可以坐等送货上门,还可以获得各种优惠。

如今,大学生做微商的不在少数。大学生市场大,消费能力虽然弱但次数多。校内方便做线下活动,学校附近一般都有小吃街、KTV等,将线上线下结合起来做宣传,就可以增加信任、促成成交。越来越多的大学生加入微商的行列,主要基于以下三种优势:

优势一,时间自由。在校大学生,平时都会将无聊的时间浪费在玩游戏上,每天除了去教室上课、去食堂吃饭,其他时间都浑浑噩噩地浪费在虚拟世界里。不想混日子,想找一份兼职,但又懒得出学校找,就可以做微商。

优势二,实现财务自由。学生做微商不仅可以替父母减轻负担,还能让自己尽早独立。现在,很多微商学生都是自己交学费,负担生活费甚至还给父母零用钱,实现了财务自由。

优势三,不用大投入。学生没有经济来源,所有的消费都要依靠父母,而微商的投入并不大,有些只要几百元、上千元即可。学生们完全可以在自己的闲暇时间赚取外快、丰富生活,减轻父母的压力,一举两得。

微商人群中,大学生占了不小的比重,数据显示:大学毕业后选择创业的人越来越多,其中又有很多人做了微商。那么,作为大学生,在微商创业的这条道路上,应该如何走好第一步呢?

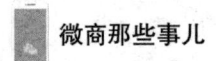 微商那些事儿

1. 选择好的产品

这一点，不管是不是大学生，都很重要。好的产品，不仅会为你带来经济上的收益，更会提高你的个人信誉度和口碑，这些都和客源同样重要。

2. 自己亲自试用

自己都没见过的东西，怎么指望别人去你那里买？大家都不傻，如果有同一种产品两家卖，相同的价格，一家是自己在用，一家是自己都不知道长什么样子的，你会选择在哪一家买？肯定是在自己用的那一家。自己用的效果好，身边的人看到了，肯定也会来买。看得见效果的东西，没人会质疑。

3. 多参加社团活动

大学是一个开放的校园，各式各样的活动应有尽有，多参加一些社团活动，多认识一些人，客源就增多了。

想宣传自己淘宝店的店主

蝉儿和丈夫2012年双双南下打工寻找出路。生了宝宝后，蝉儿一直在家带孩子，成了典型的家庭主妇。

蝉儿不想这样一直过下去，不甘于现状的她，在宝宝上了幼儿园后，便开始找事做。先是开淘宝店，和妹妹一起卖鞋，随着用心经营，淘宝鞋店有了一些起色，到2015年每个月的纯利润可以达到3万元，她在家中的地位也有了明显提高，不再是一名普通的家庭主妇。然而，经营淘宝店

期间，每天除了吃饭睡觉，一直在电脑面前，一年有 8 个月穿人字拖，穿梭在广州鞋城和一群男人们抢货，因为不需要在现实中见客户，所以她基本没化过妆，也极少护肤。而且蝉儿每天处理售后问题，脾气变得很差，加上生活中完全没有同学聚会、家人聚会等社交活动，她觉得才 20 多岁的她，不想要这样的生活。

在一次无聊刷朋友圈时，看到有一个陌生微友在刷屏一款排毒产品，还有一些成交的记录。蝉儿随口问她："你做什么的？"她回答："微商。"蝉儿一头雾水，便问："什么是微商？"她说："就是在微信朋友圈发产品图，卖东西啊。"

蝉儿持着怀疑的态度问她："有人买吗？"对方很久都没有回答。于是，几天后，在一次无聊时，蝉儿搜索微信附近的人，加到一位微商大咖，开始了微商之路。虽然途中有诸多不顺，可是她没有放弃，一直坚信，别人能做到的，她也能做到。

现在，蝉儿已经完全放弃了淘宝店，全身心地投入到微商中，也组建了自己的团队。她的团队已经很成熟，有稳定的经销商渠道收入，因为微商没有限制人身自由，所以她回到了家乡，和父母住在一起，平时带孩子、赚钱两不误，还用微商赚到买房的钱，住进了高档小区。

其实，很多微商成功者都是从淘宝店主变身而来的。那么，如何实现从淘宝店主到微商的转变呢？

一、对新事物的接受能力强

淘宝店主很辛苦，一年到头忙个不停，只有每天从早到晚，不断地学习和研究，才能跟上其他电商平台的步伐。因此，淘宝店主对新信息和新事物的接受能力都很强。

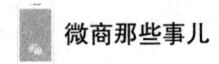

二、对商业、人和产品的理解深刻

无论线下实体，淘宝店或微商，商业的本质都是一样的，都是要围绕人群用户和产品做文章。微商跟淘宝一样，只不过销售的渠道和平台变了，微商依附移动手机端。时间碎片化了，流量碎片化了，购买成交渠道也碎片化，在本质不变的情况下，将淘宝思维转变到微商上非常容易。

三、拥有自己的淘宝团队

经营传统淘宝店的，能坚持做到现在，一般都有自己的团队、有具体的分工合作，对于产品、用户有相似的认识，团队的学习培训有着共同的目的。直接把既有的团队转为微商是切实可行的，如此一来，比一般草根辛辛苦苦从外面招募组建团队要容易一些。

四、拥有丰富的客户资源

淘宝店主拥有丰富客户资源，做微商，首批客户直接从店铺导入到微信即可。同时，这个客户群都是精准人群，习惯网购，而且接受新事物快，也是购买力比较强的人群，只要做好服务和互动，就可以将客户牢牢掌握在自己手里。

五、产品供应链具有优势

从事淘宝的大中型卖家一般都有着优势的货源，很多都是直接对接厂家。产品开发和生产都积累着丰富的经验，这也是转做微商的一种优势。

六、快递物流优势凸显

从事淘宝的大中型卖家一般都发货量巨大，跟物流公司合作时间长，一方面具有价格优势，成本相对较低；另一方面，对于物流仓储打包发货积累多年的经验，也能迅速解决微商的物流问题。

七、具备吃苦耐劳的精神

淘宝店主都很累，从事淘宝的大部分都处于亚健康状态。微商虽然也不容易，但比淘宝要轻松，竞争和运营成本相对来说，小了很多，还可以在现实中接触到不同圈子的人和环境，只要足够努力，就可以在短时间内取得淘宝的同等成就。

想利用线上销售的实体店老板

这里有个"80后"女老板用微商O2O思维经营自己的实体女装店，月入十几万元的故事，主人公的名字叫飞扬。

飞扬在深圳南山开服装店有五年了。服装店位于一个小区的门面，店里装修小巧别致，主要经营中高端女装，价格中等偏上。店内悬挂着时尚亮丽的服装，充满朝气，紧追大品牌的时尚潮流。店里的客户，回头客多，大部分来自本小区的住户。店主飞扬是湖南人，热情、亲和，极具吸引力的笑容，留住了很多爱美的客户。同时，性格温和的她，会照顾到每一位客户的感受，一般来试穿衣服的，都会带一两件衣服离开。在客户离店之前，飞扬都会让每位客户扫她的二维码添加她为好友，并附上一句话："亲，下次如果没有时间来店里，上了新品，我会及时推送给您，您也可以通过我的朋友圈随时查看我的动态。"然后，笑容满面地送走每一位客户。之后，因为服装店的库存压力等问题，她开始关注微商，想要在店里打造一款可以创造利润的产品，于是在朋友圈寻找，跟同学做起了一款偏向大众女性的排毒瘦身外加面膜的系列产品。慢慢地，服装店的部分老顾客成了微商顾客，也成了她的代理商和合作伙伴。后来，微商的收入早已超过服装店收入，她又把店面重新装修，突出微商产品，另外卖一些经典款的时尚中高端女装，不积压过多的库存。飞扬成功地将部分服装店顾客转化成微商的合作伙伴，而团队的所有成员，也可以经常来店里买衣服消费，达到双赢。如今，她一份房租两份收入，生活品质越来越高，有时想外出旅游就叫上朋友一起，店铺关门几日，全世界游玩。

飞扬成功的秘诀如下。

第一，实体店铺本身是实际存在的，消费者知道有线下店铺，会更加有信任感。店主将实体店的照片作为朋友圈的背景图，将自己的照片作为头像，或写上线下店铺的地址和本人银行卡，就增加了真实性，更能吸引客户。

第二，店内产品都是在线下销售过的，店主可以根据线下的销售情况选择一款比较受欢迎的产品。第一款产品能引起比较好的反响，不仅可以带来比较高的利润，还能吸引更多的消费者。

第三，选择产品后，推广是最关键的一步。微信推广和线下宣传大同小异，都可通过做活动或免费体验等来吸引消费者。

第四，她不像早前的微商朋友开启霸屏模式，招惹好友的厌烦，而是在不同的时间段发布2—3条朋友圈信息。当然，也会在夜深人静时发布创业故事，便于第二天查阅，也不会影响正常浏览。

第五，销售人员最重要的技能就是互动交流，偶尔在朋友圈或者微信圈里发布一些互动活动，例如，猜题、集赞赢取礼品等，不仅能活跃气氛，还可以让消费者增加更多好感。

第六，老客户转介绍。如果生意是老客户介绍过来的，可以给他们发个红包或送个试用装表示感谢。

第七，维护客户（群体）关系。

这几步都是最基本、最简单的步骤，店家如果要想转战微商圈，完全可以尝试一下。

手里掌握特色产品的人

如果自己手中掌握有特色产品，就可以利用互联网推出去，让更多的人知道。

李东的老家在农村，每次他回家，都会从老家带回满满一车土特产：自家产的大米、腊肉、豆子、菜籽油、父母喂养的土鸡、土鸭……带到重庆，立刻就会被分完，因为自家产的土货放心，朋友们都抢着要李东老家的东西。

现在，放心食品是社会的稀缺资源，人们越来越喜欢吃新鲜、安全、绿色的食品。城里人开始吃的有机食品，其实农村人一辈子都在吃。城里缺少的天然绿色食品，在偏远的农村遍地都是。

2016年回老家的时候，李东看到乡邻们家家户户都养着土鸡，卖土鸡、土鸡蛋要到很远的集市上，就想为家乡人帮些忙，李东就萌生了开网店的想法，还注册了微商城。老家有产品，互联网可以帮忙建立销售渠道，既可以帮助老家的乡邻，又可以让城里的朋友们吃上放心的土货。消费者只要用微信与其互动沟通，就能学习到土货营养知识，可以直接下订单、直接支付购买。

现在，李东的网店十分火爆，它的土特产不仅在朋友圈卖得很好，在市区也卖得不错。土鸡蛋、大米、土鸭、土鸡、土鲫鱼，返乡采购、选货、包装、配送取代了之前工作的编程代码，成为李东每天的工作内容。

不只是在老家，李东还花了两个多月时间在城区等多地找准确的货源地。每个货源地都是靠得住的朋友推荐的，建立了固定的质量检查机制。

管控货物质量关、加快发货速度和客服细致周到的服务，是李东的三大法宝。在李东悉心的经营管理和消费者的口碑传播下，生意越做越火。

如今，很多做特产的微商都十分成功。特产是家里的，可以就地取材，例如：德州人做扒鸡，新疆人做哈密瓜、葡萄，南丰人做蜜橘等，这些产品都在大众心目中有一定的地位，只要产品货真价实，就不愁销路。

第三章

遵守原则和标准，选择适合自己的产品

选择产品的三原则

一、就近

微商产品的选择，要尽量选择家里附近的特色产品。比如，新疆的朋友可以做新疆大枣，南京的朋友可以做南京板鸭、六安的茶叶瓜片等，这样会给客户留下好印象。而且，产品就在身边，方便了解。

有一家名叫"江南有机农园"的微店，店主是个"90后"女孩，名叫杨薇薇，原本是个家具设计师，后来转行做农产品电商。她和两名合伙人辞去了在杭州的工作，一起创建了有机农产品品牌——"江南有机农园"。他们的目标是，将家乡的农产品卖到大城市，让更多人享受到健康生活。

杨薇薇之所以走上微商的创业之路，还要从家乡寄来的几包银耳说起。

杨薇薇出生于福建宁德的一个小村庄，这里气候湿润、自然环境优美，是银耳的种植地。这种土特产对她来说一点儿也不稀奇，但在家乡随处可见的银耳竟然受到同事的欢迎。之后，杨薇薇跟两个校友一合计，决定一起辞职、回乡创业，将生长于深山之中的野生食材卖给追求食品安全和生活质量的大城市居民。

微店刚开张时，知道的人很少，微店页面的访问量不高。杨薇薇很着急，拎着几袋银耳，找到一个繁忙的十字路口，用手提箱子搭了个展台摆摊，销售银耳，但很快就因为占道经营，被取缔了。

为了做产品推广，他们决定线上线下一起发力：利用微信、微博发布店内的消息和养生知识，同时在线下举办推广会，让买家真正看到质量过硬的产品。他们的公众号文章传达着一种自然至上的生活理念，从分析食品安全事件，到普及养生知识，文章包含了杨薇薇和合伙人对健康生活的理解。杨薇薇还在微博上公开了自己尝试"辟谷"的过程。

除此之外，他们还组织了多次众筹活动。猴头菇的众筹项目中，原本计划筹集到8000元即可，结果筹集到6万多元，大大超出了他们的预期。众筹结束后，为了给参与者发货，他们熬了好几个通宵。

他们不仅卖山货，还卖故事。从播种到收获，每种食材都有一个完整的故事，杨薇薇会发布食材从播种到收获的照片或视频。卖舜芋时，杨薇薇用单反相机记录了大片舜芋从播种到收获的过程。为了拍这套宣传照片，杨薇薇三天两头就背着相机往田里跑。伙伴们甚至还发起过众筹，给芋头拍艺术照。

关注微店的人越来越多，互动性也显现出来。一些客户用他们的农产品做出菜肴，还拍了照片发到朋友圈，杨薇薇感到特别欣喜，特地把照片都收集起来，写成了一本菜谱。

如今，杨薇薇的微店已经小有规模。

从案例中不难发现，杨薇薇的微店之所以如此火爆，就是产品选择的好，其中最重要一点，就是选择了家乡的特色产品。由于能亲身参与到产品的生长过程中，用相机记录下产品从播种到收获的每一个过程，就为销售奠定了基础。

如今从事微商的主要群体有两种：一种是个体商户及中小卖家，一种是对自己的现状不满意想赚点外快的人，如：上班族、大学生、家庭主妇等。

新手想做微商，首先要寻找好的货源，然后根据产品特点，找出符合产品定位的消费者。在选择产品的时候，一定要就近，千万不要舍近求远。

二、就熟

李晓果通过微信卖面膜，已经月入6万元了。最初进入微商的时候，她一没有资金，二没有技术，三没有人际关系。她的成功就在于，选择了正确的产品。在她的朋友圈中多是24—30岁的都市白领，非常注重保养，还有不少人有严重的"哈韩"情结，李晓果在深入研究了目标用户后，选择了韩国的一款高端化妆品。果不其然，在朋友圈发了产品图后，立刻就被朋友和一些爱美、"哈韩"的白领们争相抢购。

为产品选对消费群体，知道你的目标用户是谁，并且精密计算朋友圈购买力，才能做到稳赚不赔。

众所周知，选择一个好产品是微商成功的关键。俗话说"方向不对，努力白费。"选择了一个错误的产品，即使使出吃奶的劲儿努力，也只能让你的努力付之东流。那么，如何选择适合自己的微商产品呢？其中，最重要的一个原则就是选择熟悉的产品。正所谓"隔行如隔山"，熟悉的产品做起来才会得心应手。

微商营销，要尽量选择自己熟悉的圈子来做。什么是圈子？就是你熟悉的朋友，比如，对于学生来说，最熟悉的圈子肯定是学生；对于老板来说，熟悉的圈子就是有钱人。如此，就可以从这方面入手，选择自己熟悉的圈子、熟悉的产品。如果你是女性，女性都很爱美，就可以销售护肤品。还可根据年龄段来分，刚毕业的学生他的圈子都在二十岁左右，宝妈的圈子多在三十岁左右，可以选择适合他们年龄段的产品。

朋友在国外生活，丽梅一直托朋友帮她带一些奢侈品，平时会在朋友圈晒晒图。丽梅的朋友多数是和她一样的富二代，总会有人问她在哪儿买的、怎么会这么便宜。于是，在保证正品的前提下，朋友就会托丽梅帮忙代购。后来，丽梅干脆和在国外的朋友达成协议，做微商，帮人代购，赚了钱两人分成。

丽梅之所以能够赚钱，完全在于选对了产品，因为她的朋友圈里多数是富二代，所以选择奢侈品最合适。反之，选择普通产品，可能就无人问津了。因此，微商完全可以根据自己的实际情况，选择熟悉的产品。

1. 幼儿教育、安全类产品

现在"80后""90后"是宝妈宝爸的主力军，"80后""90后"经历过互联网浪潮，对网络购物已经养成习惯。自己吃过苦，希望孩子受到更好的教育和保护，消费观念上舍得为孩子花钱。

2. 老年人健康保健类产品

中国已经进入老龄化社会，老年人康复类器械、保健品等是个巨大的市场。

3. 农产品

物质生活的丰富，让人们追求更高品质的生活，城市里出现的高档水果超市反映出人们对优质农产品的巨大需求。

4. 美容、养生类产品

在大众普遍已经解决温饱的社会背景下，国人爱美的意识越来越强，减肥、护肤、调理亚健康等需求越来越大。

了解到微商产品的分类后，还要考虑朋友圈目标用户属于哪类群体。

不考虑目标用户的需求，盲目选产品，很可能造成微商创业的失败。所以，要从朋友圈的受众面及购买力两方面分析选择产品。

1. 对朋友圈人群范围分析

不论选择什么样的产品，重要的是，不要忘记做微商的初衷——把产品卖出去。所以，一定要根据朋友圈的人群选择产品。如果朋友圈里几乎都是女士，却选择了男士用品，即使部分已婚女士可能会为老公购买礼物，也会丢失大多数用户。所以，在选择产品的时候，一定要先对自己朋友圈的人群进行分析。如果女士较多，可以选择女士用品，例如，化妆品、包包等产品。如果朋友圈里年轻人较多，可以选择时尚潮品类。试想，如果朋友圈里都是不关注流行时尚的老人家，不论再流行、再时尚的产品，也不会有销量。微商创业受众面很小，为了保证开业后的销售量，一定要对自己的目标用户进行深入分析。

2. 购买力决定选择产品价位

做微商前选择产品，一定要了解自己朋友圈的购买能力。试想，如果你的朋友圈里大多都是普通白领，每月工资2000—3000元，一定不会购买LV、香奈儿等奢侈品。所以，确定朋友圈购买力很重要，它决定着你发布的产品能否在朋友圈产生销量。

三、就源

目前，微商从业者主要是从厂家或分销商处获得产品，用代理发货或自己进货的方式储备货源再进行分销。这样做，货源来路鱼龙混杂，假冒伪劣产品层出不穷，不仅会伤害作为朋友的消费者，更会将微商逼上人财两空的绝境——钱没挣着，朋友也做不了。

有些微商的进货渠道不佳，上游可能是低级分销商，进价很高，分销给微商后的价格就更高，导致利润微薄，甚至于连物流费用都挣不回来。

虽然产品质量很好，但越做越赔，经营惨淡。

有些微商相对情况好一些，商品质量没问题，利润空间比较大，但由于代理的产品十分热销，导致厂家生产能力跟不上，商品无法按时到货，消费者预定后无法按时发货，白白流失了客户（群体），造成巨大损失。有些人为了避免这种损失，就会自己购买并囤货，虽然解决了发货时间的问题，但也给自己带来了很大的经济压力，一旦产品过期，就会带来无法想象的后果。

看起来微商似乎风险重重，有死无生？其实，不然！解决了货源问题，微商也可能赚钱。

微信营销要做大，代理自然是不二之选。为了利润最大化和长期发展的需要，选择的产品最好处于货源上游，最好你是厂家或者是总代理商，如此，才能保证招到最多的代理。

在办公室做了4年文员的小右，2013年毅然辞职回到老家承包一片山地，养起草鸡。此前，小右的姐姐一直从事草鸡蛋销售工作，通过农业合作社收购养殖户的鸡蛋，再卖给消费者，但"二传手"不但增加了鸡蛋销售成本，还没有稳定的蛋源供应，于是，小右和姐姐共同投资建起养殖场。姐姐负责老渠道销售，小右负责微信、微博直销的新渠道开发。

通过线上直销，小右的账户互粉了很多好友，在线养殖场的生产、饲养过程的展示吸引不少市民线上订购。收到订单后，小右会直接配送上门。目前，小右已经积累了3000多名稳定粉丝。

小右卖的鸡蛋1.5元一个，线上交易8个月来，一共卖了3万多个草鸡蛋，实现了最初预设的目标。

此则案例中，小右卖的鸡蛋是自己投资养殖场生产的，属于自产自销，整个过程都是可视的，自然会赢得客户的信赖。可见，在微商的道路上，离货源多近，成功的概率就有多大。

除了"就源"这一原则，微商在选择上级代理的时候，还要注意一些其他问题。

1. 看产品的口碑怎么样

可以多方打听周围曾体验或接触过这个产品的人，听一些成功人士的建议，不要盲目相信、也不要片面否定。

2. 不熟悉的产品，不要轻易尝试

如果产品知识复杂，大部人不熟悉产品为何物，不要轻易尝试，因为微商是面对大众的。

3. 在没选择上级代理之前，先观察一下上级代理的朋友圈是怎么打造的

优秀的上级代理一般都很在意自己的朋友圈。如果你能被上级代理的朋友圈吸引，说明这个上级代理还不错。然后，观察上级代理平时发布的动态有几条，一般是3—5条。如果上级代理的动态不是连续的，说明上级代理也不是很稳定。最好找个每天持续发动态的上级代理。

4. 不要轻易相信干掉京东、淘宝的那类愿景，那只是幌子

看看有没有专业案例，比如，经过什么检验、经过什么测试、什么研发等。因为选择一个产品和公司，就要考虑清楚，产品代表了你的人品。

5. 重视成交截图

优秀上级代理成交了都会发朋友圈，以此来显示实力，或招收代理。

选择产品的五条标准

一、高质量

在互联网时代去中间商化背景下,微商要以消费者利益为核心,大兴消费者主权,才能长久发展。

和其他行业一样,微商的发展也会伴随着一系列问题的产生,比如,央视曝光微商涉嫌传销,一度令微商举步维艰。只要微商以产品质量为本,重视用户体验,在用户服务上做到极致,就会有生命力。

做微商应专注于产品而不是营销,轻产品、重营销的微商只会昙花一现。随着市场发展,微商已经有了一定的制度规范,微商发展必然会迎来一个新的高峰。

要想做好微商,首先要有好产品,其次才是有好的销售方式和途径。每个微商都要根据自己的优势,遴选自己的"拳头"产品。不管卖什么,产品质量都要过硬,否则,永远无法赢得客户的信赖。

李欣是个标准的"90后",2014年10月她发现原本工作稳定的表姐在QQ空间发了一条关于某洗发水产品的说说。她问表姐这是怎么回事,表姐告诉她,自己代理了一款洗发水,在朋友圈和空间里做推广宣传,生意还不错。

当时的李欣还有些许犹豫，这种营销模式到底有没有消费者买单呢？之后，她试着在自己的朋友圈和空间里面帮表姐做宣传，没想到询问的人还不少，于是2014年年初，她也跟着表姐做起了"微生意"，在朋友圈和空间卖表姐代理的产品。每天只要花费两个小时的业余时间，用电脑或手机操作，接订单，发货，李欣慢慢当起了微商。开始她在空间和朋友圈里发信息，很多人都问她是不是QQ号被盗了，她觉得又好气又好笑，但都一一耐心解释。

可是，由于李欣选择的产品竞争力不强，客户在用过一次之后，很多就不再次选购了，慢慢地李欣的微商之路也走向了终点。

而曾经多次跳槽的黄琼，一直不甘心打工，想要自己创业，她平时也喜欢在朋友圈购物，方便又省时，直接聊天就可以下单。一次在朋友处买回来一款卫生巾后，觉得舒适度非常好，在朋友介绍了营销模式后，她代理了这款产品，一次进了两万多元的货。真正代理后，她发现，因为卫生巾同质化严重，市场竞争大，而且消耗慢，人群只限15—50岁，复购也低，卖了三个月后，还剩下一万多元的库存。想去找上级代理寻找帮助时，上级代理早就不做了，厂家也停产了。但是，她又不甘心轻易放弃微商这个发展趋势非常好的行业，觉得自己也不甘心这样栽跟头，因为她依然相信微商是有发展前景的。后来，她跟着自己的舅舅代理了一款消耗快又受众面广的集减肥、祛火、降三高于一体的功能性保健品，通过新的上级团队整合去了卫生巾的库存，回收了成本；加上这家公司的线上培训系统非常完善，微信图书馆的学习也循序渐进，她在不断的培训和学习中，重新组建了团队，月入六位数，后来还带着老公、妹妹、闺蜜等一起经营这个低成本又自由的微商产品。目前他们已经去游玩了几个国家，因为微商在时间和空间上没有限制，她同时陪伴双胞胎孩子一起快乐成长。

由此可见,微商营销是个人品牌营销,只有好的产品,有长远布局的公司,才能持续发展。因此,一定要选择一款靠谱的产品,一个有长远规划的公司,因为选产品失误拉低自己的人品,就得不偿失了。

互联网时代,消费者购物是基于"信任"而产生的。逻辑顺序是这样的:首先是对平台的信任,就像淘宝、京东等平台都有着比较完善的信用体系、售后保障,因此关键是能得到客户的信任;其次是对产品本身的品牌、口碑等因素的信任;最后是对微商个人的信任。

如同上网买东西,大部分人首先想到的是需要的商品会在哪个平台,如在淘宝上能买到要想的产品。然后,会习惯性地看商品的品牌和评论。最后,才会看商家的信息,决定是否要购买。

微商讲究的是一个"裂变倍增"。从你的朋友圈或店铺开始,第一个购买的朋友就是第一次裂变,然后那个朋友通过"晒朋友圈、口头传播、各类社区社群传播",就能吸引下一个用户来购买,这就是第二次裂变。以此类推,一层一层地往外传播。

用户怎么样才会心甘情愿地为你传播?关键还要看产品和卖家的用心经营。产品如果质量过硬,能够最大限度地解决用户的需求,而且深得用户的心,还怕用户不帮你进行传播?将产品的品质、包装和服务做到极致,用户自然就能顺心,也就不用担心用户不会为你免费进行宣传了。

其实,说到这点,不单单是微商,任何卖货模式的重要环节都离不开品质过硬的产品。一旦产品出问题,对品牌的伤害是难以预估的。

二、高利润

一一哥在南下深圳不久后,就开始经营淘宝网店,虽然一开始月收入只有几千元,但几个月后,他的月收入已经超过 2 万元。在同行里,他成为了一名佼佼者。正当盛年,一一哥希望用自己的智慧赚取更多财富,他也没有关注其他行业,一如既往做淘宝,之后月收入达到 4 万元,一干就是 6 年。

一个偶然的机会,一一哥进入一个微信群听课,看到了微商的兴起,好兄弟三次上门来请他一起合作,于是,他毅然放弃了月收入 4 万元的淘宝店,加入了微商行列,短时间内做到了总代理商。刚刚兴起的微商行业,各方面都不成熟,属于野蛮期,他到处加人找客源,挖空心思制作培训内容,每天超过 15 小时的时间都在奋战,很短时间内就在深圳买豪车、购豪宅。

一一哥之所以选择这个产品,最初就是因为利润高。有些产品因为利润空间大,才能吸引众多人去销售。可是,不光是产品本身利润空间大,还要看拿货的渠道,上级代理能给的政策,这也决定着利润的多少。此外,市场价格不透明的产品,也就是说现在这个产品做的人不多,价格还未被大家所熟知,也能最大限度地获取利润。

微商营销不是淘宝,作为一个终端代理商,无法在一天的时间里销售很大的量,必须选择利润高的产品。当然这也不是绝对的,比如,化妆品护肤类的毛利高,农副产品等利润就没那么高,一定不要为了追求高利润而选择自己不熟悉的产品。

到底什么微商产品利润高呢?在选择微商产品的时候,先要分析以下几点。

1. 卖的人较少的产品

一款产品卖的人太多,同质化严重,竞争就激烈。就像普通的蚕丝面膜,你卖我也卖,那么多面膜,到底该选择哪一款呢?可以寻找市场空缺的产品,护肤品这类的做的人比较多,那么可考虑一些新概念或功能性的产品。

2. 尽量不做化妆品

为什么这么说?第一,化妆品品牌杂乱,几乎每天都有新品牌诞生,你很难跟得上市场的发展节奏,当消费者观望你的产品正要下单时,突然又出现一个某明星代言新品牌,这样竞争会比较激烈。第二,化妆品市场太饱和,打开"附近的人"看一下,10个人里面有2个是在卖面膜或其他化妆品。做的人已经很多,作为新手,拿什么去和别人竞争呢?靠一腔热血和成功的决心,显然不现实,因此,微商新手最好不要卖化妆品。

3. 最好拒绝奢侈品

第一,价格过高,普通微商不可能一直在自己的圈子里卖货,要不断引流新的陌生客户。如果销售的是奢侈品,价格几万元、几千元,即使你的朋友相信你,陌生人也不敢相信。买件上千元的东西,人们都会对着货物精心挑选半天,在微信上看看图片就花几千几万元购买,显然不现实。而且,能买得起这么贵东西的人真不多,愿意在微信上花这笔钱的人更是少之又少。所以,做微商,最好不要卖奢侈品。

4. 利润太低的东西不要卖

比如,零食。这类商品的利润很低,除非你有庞大的客户群,每天走量,否则好不容易卖出去一点儿东西,也只能挣10来块钱,还得让给别人发货,自己都会觉得得不偿失,还不如好好找份工作干,一个月还能领到几千元钱。

5. 不要涉足文玩领域

文玩，除非你认识一帮大款爷们儿爱好这个，否则就不要参与。第一，如果你自身没有相关的专业知识，客户随便问个专业术语，很难回答。第二，即使身边有这样的客户群体，他们可能会有自己独有的购买渠道。

三、高重复购买率

一年前，在上海的张天再一次和风投公司谈崩。有点泄气的他考虑再三，决定趁着心里的火还没灭，重新创业。

河北小老板李军，做调料生意5年，年收入20万元。可是，他觉得自己的日子就像每天的货单一样单调，这不是他要想的。

爸妈在哈达经营水果精品批发很多年，李伟每天帮着搬水果、收钱，但他觉得这生意是爸妈的，不属于他。

一个月后，张天回到哈尔滨，经朋友介绍，认识了李军和李伟，三人相约小饭馆碰面。结果，越聊越投机。几杯过后，他们感叹，人们的生活习惯变了，以往是"菜市场、破零钱、挨个挑"，现在是"躺在床上、手机付账、开门收货"。微信朋友圈卖啥的都有，大到别墅、路虎，小到拉面、牙膏，但水果好像还是个空白。

李伟家有货源，张天懂营销，李军懂物流。三人每人出资500元，凑1500元启动资金，做起了水果配送微商，专卖精品水果。

三人经过商议，给微店取了个名字——"烂水果"，意思是"烂水果自己吃，好水果给客户"。出资的1500元大部分都花在了"置装费"上，他们挑选了品相好的塑料袋、托盘、刀叉、湿巾，一套"标配"下来，就剩300多元。

可是，理想很丰满，现实很骨感。"烂水果"上线一周，每日零单，为了改变这种局面，他们开始各种尝试。比如，两个美国红佳丽苹果搭配两盒草莓，一斤美国无籽红提、一个血丝李、一盒蓝莓共120元，转发送澳芒一个……别人卖水果按斤卖，他们搭配成套餐"混合"卖，朋友圈转发还送礼物，再配上专人设计的纸箱，更显高大上。

他们将自己的目标客户定位在热衷网购的年轻白领阶层和新婚家庭。这些人喜欢在朋友圈晒照片，也就在无形中为"烂水果"品牌做了推广。客户可以随时微信下单，选择套餐品种数量，坐等鲜果送上门。如果客人觉得不好吃，他们包退换；客户不在家请人代收，钱可以下次再补……改造后的"烂水果"很快在朋友圈里传开。

微营销不是无休止的销售，更需要的是重复购买。而且，每个人开发客户的能力有限，选择一个可以重复购买的产品，才是利好的。比如，水果、零食类的吃完就没了，开发一个用户的成本很高，如果无法实现重复购买，就说明这个产品不适合做微商。

朋友圈中朋友有限，而且都是朋友，重复购买能加深彼此间的感情。因此，尽量不要选择可以长时间使用、重复购买率不高的产品，否则销售量会很低。重复购买率高的产品，只需要维护好老用户，几乎就不用愁销量了。

跟高复购率有关的几个要素如下。

1. 产品靠谱，客户放心

产品靠谱是对客户的负责，这是最基本的要求。如果连自己都不能拍着胸脯说产品绝对靠谱，怎么能让客户放心购买？又怎么能让客户买了之后再次购买呢？

2. 推荐产品，不要推销

社会化的电商建立在社会关系的基础上，更多的是推荐而非推销。你有好产品，以推荐的方式分享给你的好友，这是一种真诚的沟通。大家都讨厌推销，所以要改变沟通的口吻。

3. 为客户提供专业的服务

做某一个行业的产品，就要在这方面提供附加值，否则客户就不会心甘情愿地在你这儿购买产品。一定要思考，你能为客户提供什么附加值？无论是建议，还是为人处世，还是育儿技巧，唯有提供附加值，才能提高用户黏性。

4. 用小礼物培养大感情

即使是一份小礼物，也能成为一个令客户意外的惊喜，瞬间拉近了与客户之间的距离。在接受恩惠之后，人们都会产生一种回报心理，所以额外小礼物的成本付出是值得的，可以有效提高客户的复购率。

四、高受众

"悟空"是玖富旗下的移动互联网金融理财产品，仅靠一个微信公众号，23天，业务量便做到了上亿元，是金融行业的微商典范，很多人都好奇它是如何做到的。

在外界看来，"悟空"的业绩上升实在太快，上线当天业务量就破百万元，3个月便破10亿元。原因就在于，其创始人的理念：在创业过程中，最重要的是选择创业项目和行业，一定要选择"受众广、高频率、易传播"的项目。

对于刚进入这个领域的"小白"卖家来说，这一点特别要注意。除非掌握了一些特殊人脉或者商品资源，否则不要轻易去做小众产品，例如，字画、紫砂壶等。当然，如果你在这些领域内有一定的影响力，就可以利用这个优势来做，外行是很难卖出这类产品的。

所以，决定加入微商时，一定要明白，你的朋友圈目标用户属于哪类群体。不考虑目标用户的需求，盲目选择产品，很容易导致微商创业失败。

五、售后简单

从无到有，从公司成立之初的 5 个人到近 1 万人，从 100 多平方米的办公室到 10 层的办公大楼，从 30 万元起步到上亿身家……30 岁的李国军微信营销取得这些成绩只用了短短 1 年的时间。

2013 年年底，移动互联网一片火热，李国军看准时机，果断出击，从面膜入手，开始经营，如今已经打造了修护面膜、冰膜、男士面膜等超级明星产品。

李国军的理想是，打造"女性一站式购物平台"。他之所以会从面膜入手，是觉得面膜是女人护肤的基础，最主要基于以下几点考虑。

一是女性是增强关系的主要影响群体。面膜的主要用户群体是女性，而且是年轻漂亮的女性。微信朋友圈中，女性的使用率极高。女性使用微信的情感考量更多，对她们来说，微信更私密、更亲近。

二是方便展示，售后简单。面膜是一种低门槛、好营销的产品，库存占地小，运输、携带方便，适合一边工作一边挣外快，特别是在熟人之间，在平时的交往中就能将物流问题和支付问题解决掉。

三是低投入、高回报。微商平台对创业者的资金没有过多要求，不需要交押金，销售对象也是比较熟悉的朋友或者网友。

从此案例可以看出，微商在选择产品的时候，要选择售后简单、容易展示的小而美产品，才容易获得成功。

微信营销主要是通过朋友圈进行的,所以在宣传产品的时候,如果产品过于复杂,例如服装、鞋子等,图片和文字展示都很难完整表达出产品质量到底如何,所以要避免此类产品。

售后,要尽量简单。当然,也不是意味着卖完就不理客户,主要指的是卖完不需要复杂的使用指导及不容易出现意外等情况。

第四章

组建一支优秀的微商团队

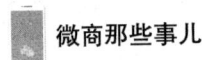 微商那些事儿

优秀的微商团队需要优秀的领导者

在我们身边,很多微商都认为,微商团队的模式就是总代、一级代理、二级代理等。只要自己手下有几个代理,就是合格的微商团队了。这种想法是片面的、狭隘的。

真正优秀的微商,都会组建一支完全属于自己的核心小团队,为下级代理提供服务。只有组建好这样的微商小团队,才能更好地招收代理、服务代理,扩大代理的规模,实现更多的盈利。

优秀的微商团队,都有一个优秀的领导者。优秀的团队领导需要具备多方面的能力,例如,有激情、执行力和决断力,做事高瞻远瞩,善于公众演讲,能够激励他人,极具人格魅力等。如果一定要挑选出优秀领导者最重要的几个能力,那就是,有激情、公众演讲能力、高瞻远瞩、懂得激励他人又善于用好人才。

一、工作有持续的激情

仔细观察平时接触的上班的人,或电视、媒体上看到的成功人物,不难发现,凡是事业成功的人,都非常热爱自己的工作。他们热爱自己的工作,有激情,有梦想,愿意带领团队走向辉煌。

普通领导者会加班加点干活,为的是业绩,而优秀领导者为的是梦想,二者的视野完全不同;普通领导者只会感受到工作带来的压力,而优

秀领导者会享受到工作的乐趣，二者的心态不同；普通领导者下班后希望享受生活，优秀领导者在享受生活的同时依然不忘工作，二者的付出不一样。

在微商运营的艰难时刻，优秀的团队领导会鼓励同伴。即使承受着巨大的压力，他们也会享受其中的乐趣，加班加点地干活。他们可以打着地铺，吃着盒饭，甚至通宵达旦、乐此不疲。他们不是没有钱，不是不愿意享受，而是心中充满对微商事业的激情。

二、公众演讲能力

从学生时代开始，我们就习惯听老师在讲台上课、学生在下面认真做笔记的听课模式。即使升入大学，仍然在延续填鸭式的教育，很少有学生会积极主动地发言。公众演讲能力是学生时代欠缺的一项技能，毕业走向工作岗位后，更缺乏锻炼口才的机会，所以很多人就变得不会说话了，以至于公众演讲能力极差。因此，要想带领团队一步步走下去，发展壮大，就要提高自己的公众演说能力。

三、有长远眼光

既然是团队老大、一团队之长，就要将自己的眼光放长远，不能仅限于眼前，至少要能预测两年以后行业发展的趋势。现在，很多微商的团队老大只是一味地教代理不断地加好友、刷朋友圈广告，并不断向他们灌输"坚持刷、努力刷就会有结果"，这种带团队的方式，只看到了微商最表面的现象，无法支撑起整个团队。真正的团队领导，除了上文提到的，更需教给代理具体的工作方法，并因人而异进行引导。微商，真的不只是简单发发朋友圈就可以了，必须具备长远的眼光。

四、懂得激励团队的伙伴

团队成员来自各行各业，他们的家庭、工作、社会地位等情况各不相同。可是作为微商，他们多半都遭遇过家人和朋友的不理解、排斥，也走

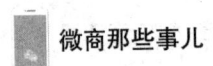

过不少弯路。而成功，往往需要历练，即使失败了，还要继续奋斗。成员成功的标志，不是看他登到顶峰的高度，而是看他跌到低谷的反弹力。微商的团队老大，更不能畏惧失败，要做打不死的"小强"，越是失败，越要奋斗。要用心鼓励团队里的每个人：一家人在一起，没有解决不了的难题；众人拾柴火焰高，每一个人都是最棒的。

五、阶梯式培养人才

微商行业的人群比较松散，他们来自各行各业，因为门槛低，也没有技术性要求，所以任何人都可以做微商，导致微商团队内部的人才培养充满挑战：如何把一个草根培养成领导人、如何把一名家庭妇女培养成有女性光辉的领导人；如何把一个小生意人培养成有格局的大生意人、如何把涉世未深的大学毕业生培养成有担当的新生代领导人，这些都需要各种形式的培训和锻炼，不断组织学习，提升内部竞争力，让微商从业人员不仅赚到钱，还能得到全方位锻炼和提升。

成立一个美工设计组，做好活动图片

微商的推广平台主要是微信和QQ空间。微商广告铺天盖地，微信朋友圈、QQ空间充斥各种面膜和代购等广告，许多做微商的朋友都会坚持发布"产品图片+文字描述"，这是最简单、最直接的广告形式。尤其是产品图片，更能够吸引好友眼球，更能获得更多的点击率或阅读量。

好的活动图片，能快速吸引微友的注意力，可以丰富文案中的文字；

图片的真实性，还能增加微友对你的信任程度，起到锦上添花的作用。因此，配备合理的美工非常必要。

只有好的美工，才能让你的活动图片更富创意，具体体现为以下几个方面。

一、让产品创意化

优秀的美工可以让创意成为产品的焦点，包括：新包装、细节图等。

二、让文字人情化

出现人的广告比没有人的广告更能吸引人们的注意。如果产品的受众能跟广告中产品的使用者产生身份认同，他们就会融入这种场景并感同身受，而这个过程正好就是了解产品进而信赖产品的过程。优秀的美工会利用朋友圈中别人和微商的对话截图，融入人的因素。

三、让生活真实化

优秀的美工可以在图片中渲染出真实的生活场景，渲染出对方对商家的认知，增强客户对商家的信任感，有利于增加互动，引导成交。有的照片还可以从不同角度体现出不同的人文视角、心态情怀。美工的思维、高度、内涵决定了他看事物的视角；视角不同，结论就不同。从不同的角度看一样的事物，美工的才能高于他人，才能创造更多的价值。

四、让形象符号化

很多微商的产品都有虚拟人物代言人，或者用自己的模型建立了各种漫画，这就是形象符号化。让一个人物角色出名，就是让它所代表的产品出名。人们不会关心生产公司或者厂家，他们在乎的是虚拟人物是否会被自己所接受，优秀的美工都会让形象符号化。

五、让广告植入化

优秀的美工可以重复使用一张图片或连续使用含有类似内容的图片，

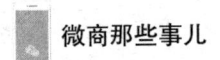

将图片发布到朋友圈中,可以起到潜意识营销的作用。

微商主要是卖产品,而不是让客户看模特,因此要重点突出产品图片,尽量展示出产品的各个细节。在图片上加上水印,或者图片有明显的处理痕迹,必然会引起客户的厌烦。因此,对于大部分微商团队来说,必须成立一个美工设计组,让有这个专长的代理商全力做好以下三方面工作:

1. 设计活动图片

好的活动是引爆朋友圈的关键,也是优秀微商实力的体现,更决定了客户的去留,因此,美工必须懂得如何做好活动图片。

2. 处理产品详情图片

产品详情图片直接关系着日常转化率,在微商行业竞争白热化的情况下,转化率的提升尤其重要。

3. 处理日常图片

美工能够快速地完成下级代理的图片处理需求,这也是留住下级代理的关键。这里,可能还会涉及产品拍摄,如果美工还具备此方面的能力,在扩展代理方面会更加顺利。

成立专业的售后服务讲师团,做好售后服务

如今,很多微商都在努力开发新用户、新朋友圈,可是很多微商朋友都疏忽了服务这一块。服务才是微商竞争的核心所在,微商怎样才能做好

售后服务呢？

在回答这个问题之前，我们先说说传统生意。中国有不少百年老店，之所以能延续下来，靠的就是两个字：口碑！俗话说"金杯银杯，不如口碑"，口口相传的好评是商户最值得去保护的无形资产。好的口碑积累，靠的是好产品和好服务。

如果说产品的成本决定了其价格，那么服务则在很大程度上决定了产品的溢价部分。在产品的销售过程中，客户满意度来自于商家提供的超值服务，而不是产品的功能本身。或者说，超出产品功能部分的服务决定了客户是否满意。例如，你买了一个杯子，杯子是用来装水的，对这个功能客户不用对你表示感谢和满意。可是，客户买杯子的时候，你如果为他提供了额外的防止摔碎的包装，额外地提醒客户买回去注意事项，不用花任何成本，仅凭几句话就能暖化客户的心，客户对你的服务肯定是满意的。你的服务水平经过客户的嘴会传给第二、第三、第 N 个人。长期下去，你的口碑就树立起来了，生意自然会红红火火。

同样的道理，回到微商方面来看。微营销的核心理念在于"信任代理"理论，而所谓的裂变和复制就是这种信任的传递。当客户对你的服务满意的时候，他会把这种信任传递给他的朋友，因此，你的服务是信任产生的源头。

这种信任，一是产品本身，二就是你的服务。我认为，服务的重要性要大于产品本身。如今，好产品已经不缺，购买渠道也不缺，微商既不会开份收款凭证来作为售后维权的依据，也没有第三方担保，单凭你的一张嘴，凭什么让人家为你掏钱呢？关键是服务！

除了售前专业的咨询服务，售后也是不可忽视的。千万不要将已经成交的客户甩到一边不管不问，一定要记住：一个老客户的价值抵得上几个新客户。微商做的多是重复购买,因此更应重视售后问题。如果产品不错,售后又很到位,例如,提醒客户及时使用、如何快捷使用、详细解答客户消费中的疑问等,你的口碑就会通过客户的传播树立起来;相反,很可能连购买过的客户都也不会再进行二次消费了。

李媛是微商界的老兵。2010年,微信未兴、微博风行,留学澳洲的李媛就利用微博做起了代购。当时,李媛主要做奢侈品代购,很多顶级奢侈品品牌如爱马仕、香奈儿等,都曾列入李媛代购清单。

李媛的起步较早,积累了大量的先期优势。在2010年,别说微商,从事代购的人也不多。李媛的代购微博吸引了很多顾客,除了亲戚朋友,有些陌生人也主动上门要求代购。后来,国内线下的奢侈品实体店都看中她的实力,干脆从她这里走货。由于选择了正确的时机,李媛的代购生意顺风顺水,流水账的数字一路上扬,最多时李媛单月的销售额可以逼近千万元,羡煞旁人。

在代购生意蒸蒸日上的时候,李媛毕业,选择回国,同时也放弃了代购生意。朋友们感到不解:虽然人在国内,但也能托国外的关系继续代购,为何要放弃这盘不小的生意?李媛有自己的考量:"人不在国外,自己没有办法亲自看产品,产品品质就不能保证;其次,国内的人太崇洋媚外了,觉得国外的东西就是好的,其实国内产品也有优秀的。在国内,完全可以依靠国内的好产品,继续做事业。"

回国后,李媛成立了自己的团队。李媛对自己的团队有明确的定位:主打健康牌,利用完善的售后服务来获取消费者的信任,做售后最棒的微商!

在李媛看来,微商的痛点就是售后。她认为,微商之所以会受人诟病,就是因为售后没做好,卖了假货、劣货,拍拍屁股就走人,破坏了整个市场。

有个山东客户,面部皮肤过敏,严重时还起疹、化脓,就向李媛咨询。李媛让对方在微信上发送了面部高清图片,还询问了她的日常起居,帮她分析了皮肤问题的成因。李媛给出的建议是不使用她的面膜,而是用羊奶和鱼腥草泡脸消炎。客户的皮肤问题渐渐得到改善,并最终好转。李媛因此收获了一个忠实客户。

可见,售后服务是发展微商的重中之重,也是组建微商团队的重点,所以,成立售后服务培训讲师团,在不断的客户服务中总结实战经验,人人可培训新人如何做售后。

微商团队,要通过不断培训售后服务知识,让每个微商都成为售后高手,建立黏性。经过线上培训的微商,不仅要熟悉自己产品和微商规则,有一定销售能力和经验;还要做好售中维护,成功建立联系后,要定期维护关系和进行跟踪,提升代理转化率;最后,要快速准确地处理代理提出的问题,做到耐心、专业和高效。

明确团队目标与个人目标

目标可以使团队的方向更明确。乘客上车的时候,火车会广播:本次列车从哪里到哪里,什么时候开,距离多远,途中停靠多少站、什么站,

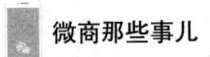

全程一共需要多长时间。知道了这些内容，乘客的心中也就多了一丝期盼，由于心中有数，也就不会着急了。

微商团队为什么要有明确的目标？微商建立的团队目标，源于共同的理想和梦想。目标有多大，聚集的人才就会有多少；心里能够装多少，目标就有多大。

一、设立团队目标

团队目标是唯一的目标。团队目标明确之后，一定要确定这个目标是特定的、唯一的，不要让其他不重要的目标干扰。

二、设立个人的目标

小目标会积累成大目标，设定的个人目标要与团队目标保持一致。如何来实现个人目标呢？（1）边学边做，学经验，做事情；（2）通过学习改变自己；（3）用行动证明自己可以做到；（4）坚持下去，就能比同行、对手做得久。

领导人进步一小步，团队就能进步一大步。微商团队领导人要有危机感，没有危机是最大的危机，满足是最大的陷阱。

没有目标的领导如同蒙着眼睛，骑着快马，迎着太阳，只能将团队带向悬崖；有目标的领导却可以点燃团队的每个人。

知道没有力量，相信才有力量。

信念可以影响团队的士气和动力，如果团队成员对目标产生怀疑，就不会全身心地投入。

激情和信念犹如汽油和火，会推动团队达成目标。

积极鼓励团队成员努力

鼓励是一种认可，越鼓励越有动力，越认可越能成长。微商团队领导者要学会鼓励团队成员。

任何人做微商都不会一帆风顺，在代理遇到挫折时，要站出来多给他们些鼓励，帮他渡过难关、阻碍；在代理没有方法、迷茫时，要伸出手来帮助他们走出困境。此外，还要给代理提供一个学习、交流、分享的平台，带着团队不断地成长进步。微信群是理想的交流平台，完全免费，随时分享，非常自由。

高杨是北漂一族，成立文化传媒公司创业多年，每年也能赚近百万元的利润，但在北京生活压力太大，又没有过多的朋友帮衬，而且从事的行业收账难，三角债多，他一直想要寻求一个投入少、现金流多的行业重新创业。于是做起了某服装商城，开始在各大微信群添加好友，后来在微信群里加到了陌生人的我，在多次交流互联网发展趋势时，他认可我的沟通方式，也对我做的产品产生兴趣。之后，在多次售后中建立了信任和黏度，成为我的合作伙伴。如今，他们夫妻一起经营微商、带领团队，也离开北京，回到了安徽老家。但刚回老家开发市场时，困难重重，因外出多年，家里亲朋都已生疏，所以经历了长达半年的积累才打开老家的局面。

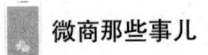 微商那些事儿

我不断鼓励他们夫妻，一定要拓宽人脉，坚持分享，不断引流，这个生意一定可以迈上新台阶。一年后，他们住进了宽敞明亮的大房子，团队也发展至近千人，做起身心自由的全职微商。

从小到大，我们都希望得到他人的认可：小时候读书，希望得到老师的认可，老师越鼓励读书越努力；长大了，希望得到老板的肯定，老板越肯定，你就越上进。同样，越认可代理，代理成长就越快。

微商团队的运作依赖的不是管理，而是遵循利益分享，要在合作共赢的基础上建立共同的愿景，鼓励大家一起协同前行。

一、给成员设定一个目标，激发他们的干劲

动机是行动的诱因，是行动的内驱力，能发挥很强的激励作用。设置适当的目标，可以激励成员的积极性，调动成员的兴奋点，让成员对团队的前途信心十足。要不断地构造共同目标场景化，引领成员，不能虚高，不能天马行空，一定要让成员在可预期范围内努力，同时平衡长期目标和短期目标。

二、设定一个榜样，促进成员的自我提升

团队中会有两种人：一种是特别活跃的，一种是不怎么活跃的。任何事情都要坚持"二八法则"，作为团队领导人，需要做的工作就是，让百分之二十的人去感染与带动百分之八十的人。在激励成员之前，首先自己要做到知行合一。你是成员模仿的对象，想让成员高效地工作，自己就不能低效。所以，在成员面前要塑造精明强干的形象，做到率先垂范。

三、合理授权，提高成员做事的积极性

有效授权是一项重要管理技巧，不管团队领导有多能干，也不可能包揽所有的事物，否则不利于团队的成长。一个人的管理能力也是有限的，

管理二三十个成员绰绰有余，可是成百上千呢？肯定会有些东西顾及不到，工作不积极的成员就会因此直接流失掉。

聪明的团队领导都知道有的放矢这个原则，他们不会成为团队的管家婆，而是团队的引导线、指南针。所以，团队领导可以培养一些核心成员，授权给他们，在不同的微信群里，分层建群，让他们去管理自己的代理，如此团队才能合理运转，逐渐壮大。

四、有效沟通，提高做事效率

沟通是激发成员热情的法宝，在沟通的基础上，还要多一些包容理解、合作共赢。

很多微商领导会在晚上跟一些核心成员谈心，及时了解成员想法，即使代理有了不满情绪，也能经过这样的沟通，很快烟消云散，不仅能降低成员的流失率，还能提高成员的积极性。

五、尊重成员，他们会更加努力工作

尊重是一种有效的激励手段。尊重，换个角度看是一种荣誉，尊重成员远比物质的激励作用好得多。钱可以买到很多东西，但买不来人心，更买不来尊重。优秀的团队必定有一个懂得尊重他人、懂得谦卑的团队领导。一定要尊重每个成员，不管他们年龄大小、能力高低。记住，成员都喜欢有人情味、平易近人的团队领导。

六、多一份信任，就多一份努力

信任是良药，团队领导和成员之间要有足够的信任，一起携手把团队做大、做强。没有信任，团队会像多米诺骨牌一样，一推就倒。

七、每个人都喜欢得到他人的赞美

人有一个很重要的欲望，就是希望得到他人的赞美和肯定。赞美是一种非常有效的激励方式，能够增强成员的上进心和凝聚力。团队领导应该

学会欣赏成员的优点，充分发掘他们的优势，并给予应有的赞美和鼓励。当然，赞美也要用心，不能敷衍，千篇一律只会让成员觉得虚伪。

八、宽容、包容代理

在成员失误或者业绩不好的时候，团队领导要用宽广的胸怀包容他们，让他们心甘情愿地为团队效力。原谅别人就是为自己铺路，领导就要有宽广的胸襟。

九、设定合理的竞争机制

每个人都有争强好胜之心，在团队内部建立良性竞争机制，是一种积极向上的方式。团队只有建立这种机制，才能不断往前走。优胜劣汰，从来就是这个世界的规则，应该懂得这个道理。好的业绩是竞争出来的，每个人都一样，不竞争就没有前进的动力。

找一个意见领袖来带动大家

在微商的团队里，有一类人起步特别快，卖货不费力气，甚至一呼百应——他们就是朋友圈里的意见领袖。

龚文祥先生是某微商集团的常客。在最开始的野蛮特训班中，就通过微信直播的方式给野蛮特训班的学员上了深刻的一课。在这个微商集团百万官方颁奖仪式上，龚老师亲临现场，引爆全场气氛。

龚文祥先生的每次出场都能引起轰动。在场近千人的代理商都按耐不住激动的心情,纷纷与龚老师合影,向龚老师请教问题。

这就是意见领袖。说白了,就是大家都爱听他说话,愿意接受他的建议,愿意去尝试他推荐的东西。

管理团队的时候,可能会遇到团队成员积极性不高、粉丝不自觉等问题,所以需要在团队里找到一个积极向上、充满正能量的人,让他来带动大家,活跃气氛,成为意见领袖。

当然,罗马不是一天建成的,意见领袖也不是一天养成的,好的意见领袖都具有下面几个特点。

一、忠于人设,不忘自我

简而言之,意见领袖是一个特点鲜明的人。

要想成为意见领袖,就要精准地定位自己,然后坚决执行。例如,某明星,她的人设就是少女,即使已经升级成了宝妈,她的团队也不允许她以母亲、少妇等形象出现在公众面前,从发型、妆容到造型都极力淡化她已为人妻、为人母的事实,极力维持着"少女"的人设。

二、为客户提供价值

人们之所以愿意听意见领袖的话,首先是因为他说的话有道理、有价值。即使未必能成为微博大V那样的意见领袖,但在生活里,每个人都有自己擅长的领域,总可以在其中一个细分领域里成为独当一面的意见领袖。

如果你的学识远不如其他人渊博,可是在影视评论和自媒体营销方面有独特的见解,就可在自己公众号和头条上都发表文章和影评。找到"阵地"后,就可以与朋友们毫无保留地分享你的所有见闻、经验和收获。这个过程就像追女孩一样,要使出浑身解数,每一条内容,都要让他人看完有所收获。

三、主动输出观点

意见领袖都有自己的"真知灼见",对任何事物的看法,或夸奖,或批判,都是你的观点,为了影响他人,就要将这些认知主动输出,供他人学习和分享。

制订一个考核标准,培养核心骨干人才

微商团队的考核体系是最重要的体系,所有权力的下放,组织体系的建立,最终的目的都是为了提升业绩。

有位同学跟我讲述了他创业初期关于结果导向和过程导向的思考,结果发现以结果导向的管理方式,方向是对的,但执行方式可能是错的。他认为,这样的绩效考核存在很大的弹性,对团队来说,很容易导致不公平,影响内部团结。即使是结果导向的团队管理,也要形成事先书面的绩效定义,包括项目周期、项目成果、突发处理机制等书面管理文档。

绩效的产生是团队价值的输出,是团队的立身根本;否则,就会被商业社会"唯价值论"淘汰掉。因此,对于微商来说,有必要给每个成员设置一个表格、设置一个考核的指标,如此才能更好地促进销售。

那么,如何设计考核表格呢?

团队领导设计考核表的时候,会给每个成员定制一个目标,问他们:"你这个月的目标是找多少个客户?多久考核新的级别(省代,总代),多久后月入五万元。"成员说："我这个月的目标是找 20 个客户；半年内月入破五万元。"

然后，他就会给每个成员设定一个目标。知道自己的目标是什么，看到别人都已经达标了，而自己的考核目标还没有达到，那么成员就会更加努力。

系统的考核工作，可交给团队的核心骨干去做。核心骨干来源于业绩好、肯担当、肯付出又爱学习的代理商，他们有决策能力，同时也是很好的执行者，在团队管理中经常出谋划策，新点子奇出，是团队不可多得的人才，一定要委以重用。同时，团队内部要奖罚分明，可以设立月度、季度业绩排行榜，团队管理杰出贡献奖等，奖励旅游、奖金、礼品等；而迟迟不出业绩又是出于懒惰原因的，要用团队的民主力量来影响或适当处罚他们。

第五章

熟知文案写作技巧，为营销助力

明确文案写作的目的是什么

有人说"中国人做软文推广,史玉柱认第二,没人敢称第一。"这句话至少在纸媒时代是个不争的事实。所以,在中国谈论软文营销,如果不提史玉柱和脑白金,肯定是老师的失职。

史玉柱以当时成本最低的软文营销,决胜保健品市场,决胜自己的未来。在市面还没有脑白金这个产品时,从上海媒体开始,在全国性报纸上,"脑白金体"的文章铺天盖地而来。

经过系列软文轰炸后,脑白金广告与产品才粉墨登场。于是,"今年过节不收礼,收礼只收脑白金""脑白金、年轻态、健康品",辅以硬广告,脑白金统一了保健品的天下。

任何一个行业的兴起,都有其必然性,微商也一样。在传统媒体的受众规模及受众获取信息的渠道发生改变时,针对受众的营销方式必将发生变化。网络时代,人们获取信息的主渠道是网站,而不再是平面媒体;社交媒体时代信息的传播主要是分享,而不是被动地等待点击。如此,软文的营销作用被突出。

社交互联网,人们获取信息主要由受众自己主动去实现,而不像传统媒体那样,简单地对受众进行灌输。因此,当下纯广告的生存空间必然会受到压缩,软文营销的优势则会更加突显。可是,什么样的文案才有吸引力？什么样的文案才能让更多人转发分享？什么样的文案才能让读者觉得那不是广告？写文案是一项细活，需要注意的东西很多。社交时代，一个优秀的网络写手，可以顶上一百个推广人员。互联网是一个无边界的工具，尤其是在社交时代，每部手机、每个ID、每个节点都有可能成为你的资源。那么，他们为什么要关注你？为什么成为你的朋友？为什么要选择你、选择你的产品，成为你的客户？

在互联网上，你必须塑造自己的个人标签，而这个过程是通过你的文字、图片、自媒体等来实现的。其中，文案就是你通往用户的必经之路。

为了卖产品、招代理，微商写文案前，都要将写作目的想透彻。微商朋友圈文案的写作目的很明确，就是为了销售，吸引眼球。所以，写文案最重要的就是找到主题、产品突出点，符合订阅用户的口味，说出目标客户心中所想。

知道受众群体是哪些

郭婷是我的一个朋友，她是一个老微商了，主要经营护手霜。一次，我想向她购买她的护手霜，可是经过沟通后，我放弃了购买的念头。

我："你主要卖什么产品？"

郭婷："护手霜。"

我："你的产品怎么样？"

郭婷："质量特别好。"

我:"你的护手霜与前天的牌子有什么不同?"

郭婷:"我的这个护手霜不得了,是×××公司生产的,投资×××,请的代言人是×××,价格也便宜。"

……

和这个例子中的郭婷一样,很多微商都会犯这样的错误:总是认为自己在卖×××产品,一直都在宣传自己的产品多好、公司多强、代言人多有名、服务多棒……其实,客户买的不是产品,而是产品可能带给他的好处,而这个好处是非常直接的。这是一般微商都会忽略的地方,也是关键点。

通过朋友圈经营商品,本来就不适合频繁刷广告,一般一天刷两次足已。其他时间,要通过情感强、趣味性强、生活性强的文案去维护。每个微商每天都只有一两次发广告的机会,要牢牢把握,否则就白白浪费了。当然,这里有个前提:一定要卖结果,而不是卖产品。

经营的产品,质量无论有多好,都是你自己的事情,跟微友、粉丝、客户都没有关系。他们只关注你能帮他们解决什么问题?解除什么痛苦?带来什么价值?能否让他们的身体更加健康、形象更美丽、收入更多?这些才是潜在客户跟你购买的真正原因。因此,宣传推广的时候,一定从背后真正的原因出发,以客户的需求为出发点,从为客户解决痛点出发。

其实,很多文案的水平都不错,特别是由一些专业科班人士撰写的文案。他们文化水平高,文章写得好,老板看了之后也很喜欢,推出去的效果却是反响平平。原因何在?最主要的原因还是文章定位。

假设你是一个年近五十喜欢军事历史的男人,是个销售化妆品的微商,图文要按照他的喜好来写,这样的图文推送后,能产生什么效果?

明确受众,也就是要分清你的文案是给谁看的。一定要明确文案的受众群体。文案的写作方向不是老板,不是你的上级,而是你的粉丝,特别是对于微商来说,粉丝效应更加明显。

要想让你的文案引起客户的好奇心,就要抓住客户的心。给你的产品定位受众,也就是你的产品适合谁?是男人,还是女人?年龄段是什么范围?这类人的特点是什么?他们的消费水平如何?你的产品价格对于他们,贵还是便宜?只有当客户认为,这说的就是他自己的时候,他才会点进来仔细查看你的朋友圈。

写个有吸引力的好标题

文案的核心在一个"文"字,当然"案"也很重要。这里的"案",不是简单的文字摆设,而是通过对文字的组织,表达出一个完整的意思,实现其功能。通常,一个很好的文案标题,不仅能吸引人,还能获得精准受众。但是,也不要耍小聪明,搞一些标题党。

中国劲酒的口号是什么?20年都没变过,即"劲酒虽好,可不要贪杯哦"。很简单的一句话,可能很多人在无意中也会想到为什么这话那么经典呢?因为这个广告没有完全自夸,而是含蓄而低调地说自己的酒好,重点又放在了"不要贪杯"上。贪杯不仅会影响你的安全和健康,甚至整个家庭都可能因为饮酒过量而遭遇灭顶之灾。

劲酒这种和用户沟通的方式会让客户觉得很舒服，因为是站在客户的角度替他着想。所以，这个口号非常好，一喊就是20年，家喻户晓，深深地刻在了消费者的内心深处。

文案写作亦是如此！有一个好标题，就会事半功倍。快餐文化时代，生活节奏加快，大多数人都喜欢片段式阅读，没有人愿意看微商的长篇大论，只有标题足够吸引人，别人才会继续看下文，最后看配图或视频。

写好标题之前，必须先明确标题的功能和作用。不明确标题的功能，就很难写出一个好标题。总的来说，标题有以下三个功能：传递完整正确的信息、吸引读者的注意力、明确读者意图。那么，朋友圈的小标题到底应该怎么写呢？或者说，怎样才能用一句话就吸引别人的眼球呢？

对于微商销售者来说，撰写标题是一门非常重要的技术。标题必须抓人眼球，更要成为文案的中心。写作标题是有方法和技巧的，只要满足了标题的三个功能，这个标题就是成功的。这里列举几种最常见的标题，供微商新手模仿练习。

一、数据对比式

数字，能让人更直观地看到结果，能够产生更大的冲击力。数字能把东西具像化，让消费者的头脑保持清晰，甚至消除一定的疑虑。

例如，在标题《如何1个月招30个代理、挣大钱》中，传递出的信息是，教你如何招代理；吸引客户的方式是利用微商对快速招代理的好奇心；明确的读者是各级其他的微商代理。可以把它优化一下，如《如何挣100万》，100万，这个数字就比大钱具体多了。当然，还能继续优化，加入一定的时间元素，最后变成这样《如何才能在1年内挣100万》。

此外，数字（或者说时间）还有一个作用，可以让读者感受到紧迫性，让读者立刻产生阅读的行为。

二、提问/反问式

为了吸引客户的注意力，可以使用"如何""怎么"和"为什么"等方式来提问。道理很简单，遇到了问题，人们总会急于寻找答案。

例如，标题《如何培养孩子的金钱观》传递信息是教你培养孩子的金钱观；吸引客户的方式是利用宝妈教育孩子怎样不乱花钱的好奇心；读者确定为宝爸宝妈。

三、名人、热点式

要充分利用名人效应。事实证明，在标题内提到的名人越出名，吸引力越大。因此，要想吸引更多的人群来关注，就要结合最新的热点事件、节日、季节等内容，直接将主题说出来，及时地将内容发出来。

例如，标题《×××的化妆台》传递的信息是告诉你偶像明星的日常动态；吸引客户的方式是利用了追星族的崇拜、跟风心理；读者确定为×××的粉丝。

四、矛盾式标题

矛盾是一种生产力，生活中我们总会采用各种方式去化解矛盾。对于自相矛盾的标题来说，化解矛盾的方法就是阅读它。制造矛盾就是制造戏剧冲突，微商完全可以利用对立面的激烈冲突来吸引他人注意力。值得注意的是，对于矛盾的理解可以广泛些，好和坏、高和低、大和小，都可以同时出现。

此外，还有事件上的矛盾。矛盾冲突是戏剧的核心。通常，标题越矛盾，吸引力越大。例如，"男朋友对我很好，但我主动分手了。"

在标题《这个小学毕业的保姆，值月薪3万》中，传递的信息是，一个成功的保姆是什么样的；吸引客户的方式是高薪水和低学历的矛盾；确定的读者为需要正能量的人。

再如，在标题《为什么少女们都迷这个糟老头》中，传递的信息是厉害的老头是什么样的；吸引客户的方法是利用了年龄大小的对立矛盾；确立的读者是需要正能量的人。

五、利益式标题

简而言之即画大饼。标题里，直接指出利益点，给读者提供帮助。这种方法虽然简单粗暴，但直接有效。例如，让你变白、让孩子长高、让你成为技术大神、让你月薪十万不是梦等。

例如，在标题《学会这3招，让你立刻年轻十岁》中，传递的信息是保养美容等技巧；吸引客户的方法是变年轻就是吸引力；面对的客户是爱美之人。

六、免费式标题

不管你是否相信，不管你是否喜欢占便宜，多数人对"免费"二字都没多少抵抗力。如果你的服务或者产品是免费的，就要将这两个字体现在标题里。

好标题，一般都会充分使用上面的技巧。单个技巧学会后，还要将它们组合起来使用。可以这样说：在标题上花百分百的心思都不过分。

当然，除了上面比较常用的标题外，还有几种有创意的标题，举例如下。

1.将俗语改编成自己的语言

对俗语、谚语和名言名句等进行改编，有着天然的说服力，能够增加读者对标题的信任度和接受度，减少对标题观点是非的判断时间。

2.打破常态，逆向思维

正常的事没有吸引力，反常才是吸引点，要打破一些常态，提出反向观点。例如，"老板管理你"变成"你管理老板"，"员工做到总经理"变成"员工做到被开除"，"好身材多锻炼"变成"好身材多睡觉"等。

3. 合理使用夸张手法

适当的夸张，就是无限的幽默，不仅可以增添趣味性，还容易突出事件的重要特征。夸张，一般都用于对另外一件事或物进行衬托夸张。比如，这个人帅过吴彦祖，美得让人流口水！

4. 不要忘记了比喻的使用

生活中的很多事情都是相通的，但有的事物大众很熟悉，有的理解起来比较困难，可以将把陌生的事情比喻成熟悉的事物，说得形象一些，说得更生活化一些。

5. 合理打造金句

用金句当标题，直击人心，可以给人留下深刻的印象。打造金句最快的方法是用固定句式。例如，不是……而是……，与其……不如……，不仅……还……，使用这些句式，很容易表达出独特的观点。

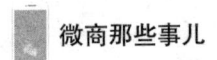 微商那些事儿

从情感出发,事半功倍

文案最重要的是什么?当然是和消费者产生情感共鸣。从消费者的情感需求出发,唤起消费者的情感需求,使消费者产生心灵上的共鸣,寓情感于营销之中,让有情的营销赢得无情的竞争。

在微信上购物的消费者,更倾向于一种感情上的满足、心理上的认可。微商的本质是人,所有的一切都要以人为基础。要想做个成功的微商,营销人,然后才能更好地营销产品。

感性消费是消费者的一种情绪,情感消费是基于个人直观感性认识的一种消费形式。感性消费的人群一般都会关注精神生活的内容和情感需要,他们主要凭借个人主观感受进行消费。所以,微商在写软文时,不仅要在文章中推广产品,还要让软文富有感染力,如此才能让读者产生相同情感,才能启发读者智慧。那么,情感该从哪里挖掘呢?

情感软文最大的特色就是打动人,走进消费者的内心。将撰写的软文内容做到动之以情,就可能俘虏消费者的心,受到大众的青睐。例如,比较经典的"老公,烟戒不了,洗洗肺吧""离开你的日子,我沦为购物狂"等情感软文,就是利用情感特色,打动读者的。

一直以来,情感营销都是营销界百试不爽的灵丹妙药。情感式软文,语言并不华丽,走的是朴实路线。没有华丽的辞藻,却能让读者产生良

好的心理共鸣；这种细水长流般普通的字眼，能让读者静下心来细细品味。

新世相在《45个关于爱与钱的故事》一文中，分享了一系列粉丝故事：

四岁时，爹爹给了我五块钱，让我去商店买包四块五的阿诗玛。剩下五毛钱，我买了包麻辣牛肉干。结果，回去被训了一顿，那包牛肉干放到漏气，都没有让我吃。五毛钱，让我记住了什么叫契约精神。

当年北漂在昌平租房，退租时，二房东以各种理由扣押金，我和男朋友很需要那几百块钱。我靠在门上，不退押金就不让房东离开，撒泼要赖，最后男朋友抱着我，让房东走了。出来后，我和他在马路上抱头痛哭。他心疼我，我心疼钱。

这种小故事并不以情节见长，甚至毫无情节可言，但表达了作者的真实情感，离普通客户的距离最近，让每个人都能从中看到自己的影子，更容易激起情绪的波动。这也是目前粉丝故事越来越流行的原因。

当然，这里所说的故事，不是为了博取好感而杜撰出来的公司创建或品牌发展的故事，那都是骗人的伎俩；这里，运用到软文里的应该是真实的，真实的故事最动人；挖掘出来的故事，都符合宣传的目的，放在微信公众平台上，会成为极富感染力的品牌营销内容，树立起良好的品牌形象。

对于微商来说，产生订单，促成交易，是最终目的。没有订单，没有成交，"商"字也就无从说起。而如果要达到销售目标，终归要让你的文案具备营销特性。有营销，才有成交，这是重要原则。

好的文案，可以引起读者的情感共鸣。只有产生了情感共鸣，才能在你和客户之间建立起一种信任关系；只有和客户建立起了信任关系，才能更好地做营销，达到最终成交的目的。这是一个良性循环。

条理清晰，易于理解

微商时代，所有的购买行为都建立在阅读的基础上；一切的营销，都跟你的文案有关。例如，同款产品，你和别人都有，你们的人脉都差不多，如果你的文案比他强，更能吸引别人来咨询。这一点，就如同淘宝宝贝的详情页。如今，产品同质化现象很严重，产品价格竞争也很大，要想让客户对你的产品产生兴趣，从而对你的店铺进行有效的咨询，就要靠你的文案。

文案，要尽量简洁，最好控制在102字以内。微友和客户浏览你的朋友圈，始终要本着让他们从这里获取轻松快乐的初衷，尽量不让人感到视觉疲劳。102字（含标点符号）以下是全文展示，102—200字展示一半，后面那一半要点开全文；200字以上，文字超过6行，就会被折叠起来，变成一行，只显示开头几个字。如果是你，更愿意查看哪一种？一般情况下，人们都会浏览全文展示的；半文展示的，人们只会看前面内容是否足够吸引人；一行展示的，几乎就不会点击了，除非开始几个字特别吸引人。

如果条件允许，编辑好文案后，至少要发两个手机预览：一个苹果手机，一个安卓手机。不同的手机显示是不一样的。有时候，标题多一个字少一个字会很难看。朋友圈的文字无法换行，有些文字，可以先在记事本上排版，然后再发出来；尤其是一些歌词或诗歌，这样做，更会显得很文艺、很有意境。

短的文案不一定就好，好的文案不一定就短。可是，不管长短，好文案一定都能吸引人读完第一句后想读第二句，读完第二句就想接着读第三句，一直读下去。有时，短文案确实不能完全表达清楚自己的意思，此时就需要大量文字表达。先打好草稿，然后在 102 字内能展示的部分，设置悬念，提高用户的点读欲望。发完帖子后，要立刻在评论里再发一遍，如此刷微信时，朋友们就能直接明了地从评论里看到你的全文。评论中的文章可以写很长。

虽然微文案字数很少，但麻雀虽小五脏俱全，也要按照完整的框架结构来写作，具体应包括以下几个部分。

1. 标题

标题是作者最高文字水平的体现，是文章的广告，要想让下面的内容引起读者的阅读感、增强文章的逻辑性，就要"指哪打哪"，力避"打哪指哪"，要加强标题撰写的能力。

2. 内文

主要内容有：客户见证、成功故事、产品预热、产品介绍、价值包装等。

3. 行动主张

如果想在文章末尾放推荐内容或广告信息，一定要写得人性化一点，不能太书面。太书面的东西，一看就是广告；人性化的东西，广告也成了信息。

4. 配图

微信文章的打开率首先取决于文章标题，其次是文章摘要，再次是首图。其中，标题占50%，其他两者共占50%。三者没配合好，文章内容再好，也会受到影响。

紧跟热点，提高关注度

数据显示，目前微信用户已突破10亿；同时，基于产品本身的封闭化、社交化，还催生出一个新的商业名词——"微商"，且当下势头正劲。放眼朋友圈，淡定从容逐渐消去，取而代之的是铺天盖地的产品广告。

朋友圈变"广告圈"的背后，暴露出两条隐藏信息：其一，微商引导用户的角色发生了变化，用户由主动迎接转向被动接受，不管你看不看，朋友圈的广告就在那里；其二，微商门槛低，正以迅雷不及掩耳之势涌进寻常百姓家，白领、工薪阶层、老板们、渴望自由的"90后"、家庭主妇甚至70岁的婆婆都能做微商。

这样一来，产品定位就成了必须考虑的问题。产品是微商经营的核心，没有质量靠谱、定位差异化的产品，是不可能在市场竞争环境下持久生存下去的。尤其是产品差异化问题，更值得重视。假设面膜产品的质量非常好，但全世界都在卖面膜，朋友圈里有几十个、上百个人在做，你再去做，客户群体在哪儿？所以，微商创业者在选择产品时，要注重差异化的存在，人云亦云，是无法做好微商的。

做产品运营，解决产品后首要解决的问题就是客源问题，专业术语叫流量。没有流量，再好的产品，都无法获得更多的认可与回报。那么，微商怎么去引流呢？假设百货商店门前的招牌一天会被100个人看到，转化率为10%，那么每天就会有十个人产生购买行为；同理，假设你的微商广告宣传一天会被5000人看到，转化率为10%，每天就会有500人产生购买行为。所以，借力造势是最好的营销手段。

要想利用热点新闻来写软文，就要时刻关注热点报道，并能快速判断出哪些热点可能成为头条，从而敏锐地做出反应，将文案广告巧妙地融入热点中，引起别人关注。人们对于新奇的事物，从来都没有停止过追寻的脚步。每天在网络上和生活里捕捉到的热门话题、新闻、流行事物等，都可以分享到朋友圈中，跟大家一起来分享其中的乐趣。吸引了他们的注意，他们就会将关注你的朋友圈当作一种习惯，如此，何愁产品卖不出去？把热点内容嵌入到文案中，自然能引发更多的关注。

留意观察，你就会发现：一旦出现一个热点事件，就会有一大批公众号跟进。公众号内容不一定跟热点有关，可是标题一定会嵌入热点。很多微商都有这样的敏感性，一旦发生什么热点事件，他们就会立刻修改店铺文案，靠热点搜索带来流量。

例如，2018年抖音兴起，一段"我怎么这么好看"的视频被成千上万的人模仿，有的微商戴上面膜、有的微商开始用减肥食品示范，一边吃一边跳"我怎么这么好看"。微商要想成功，就要有媒体一样的敏感性，能迅速发现热点事件，在第一时间把自己的产品和热点事件结合起来。经常看公众号的朋友，一定也能发现，很多公众号的标题经常会融入热点内容的关键词。不管是不是真的有相关内容，但都足以引起对热点感兴趣的朋友点击，这也是营销的真正目的。

借热点，抓住社会上的热门事件、热门新闻，以此为软文标题的创作源头，通过大众对社会热点的关注，就能引导读者对软文的关注，提高软

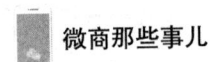

文的点击率和转载率；同时，软文撰写者也可以借助百度的搜索风云榜来关注最近热门事件。

生活中每时每刻都会出现各种各样的话题，微商平时要多关注一下微博热门排行榜、百度排行榜，多看当下讨论比较多的热点事件，尤其是娱乐事件，这些都可以发朋友圈。这里的热点大到奥运会、世界杯、神六登天，小到社会上的用工荒、圣诞节的鲜花预定潮等。

利用热点吸引眼球，然后发表自己对事件的见解，粉丝就会知道你是一个有思想、有正义感、幽默感强、有娱乐精神的人；发表一些关于热门的话题，利用热点话题或新奇趣闻吸引客户的注意，鼓励他们参与讨论，还能增加思想的碰撞，调动客户的积极性，使其主动关注你代理的产品，潜移默化地宣传产品信息。需要注意的是，在参与话题互动讨论的过程中，如果发现自己跟客户意见不一致，不要过激地否认对方的想法，否则不仅无法增进交流，还会伤害到彼此的感情。

告诉客户，他为何要购买你的产品

相信很多微商都有过这样的困惑："明明客户非常非常喜欢我的东西，甚至反复询问价格，咬咬牙准备少赚点卖给他了，结果他说过几天再买？"坦白地讲，这是一种很常见的拖延心理。如何帮助客户解决拖延问题，让他立刻就下单呢？

对于客户来说，消费的过程就是一场投资，他付出了金钱成本和机会成本，当然希望得到最大的收益，所以才会经常出现"货比三家""今天看明天选后天买"的拖延情况。

耐克的文案是这样的：

Yesterday You Said Tomorrow—Just Do It

这个文案背后的销售逻辑，其实是把拖延问题公开化，让消费者意识到自己存在的拖延问题，从而给自己一个立刻行动的理由——明日复明日，明日何其多。

营销文案的目的就是迅速地让客户行动，让客户掏钱购买你的产品，这也是营销文案有别于品牌文案的地方。品牌文案能够传达信息，而微商的营销文案必须让客户做出行动。

每一个人在做一件事情之前都有一定的理由，例如，去旅游，你的动机就是想享受那里的美景。人类所有的行为，都离不开七大理由。

一、自我保护与自我放纵

人们天生就缺乏一种安全感，因此很多人会去买保险；担心失去东西，所以会将钱存进银行。如果你的产品能够给客户提供一种安全感，让人觉得没有风险，他就会购买你的产品。这就是自我保护。所谓自我放纵就是，每个人天生都渴望释放自己，渴望得到很多东西，渴望享受生活。

二、每个人都追求浪漫

每个人都喜欢追求浪漫，即使他是个工作狂，也会有浪漫的想法。去旅游，去拍婚纱照，去好玩的地方，去探险……都是在追求浪漫，追求一种新鲜事物带来的不同体验。

三、每个人都渴望钱财

跟钱有关的东西都可以督促客户去行动，你的产品能帮他赚钱；或者能帮他省钱；或者能节省时间；或者能获得利益；客户就会愿意为这些东

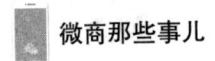

西付出行动。

四、每个人都希望得到认可

使用你的产品，如果客户能得到别人的认可、赞美，让别人认可他的成就和改变，他就会购买你的产品。

五、每个人都心中有爱

爱，是最广泛的一个动机。你会因为爱你的老婆而给她买一个戒指；会因为爱你的父母而给他们买营养品。如果你的产品能够产生这样的动机，客户就愿意购买你的产品。

六、每个人都有责任心

每个人都有责任心，只不过强弱有别罢了。如果客户比较懒惰，就要想办法去激发他的责任心。责任与使命可以激发一个人去行动。你可以利用这种责任心，来激发他们购买你的产品。

七、每个人都有虚荣心

中国人基本上都好面子，奢侈品的出现，说白了就是为了满足人们的虚荣心。如果你的产品能够让客户更有面子，他就愿意付钱。

第六章

玩转朋友圈，提高销量

明确个人定位

孙子云:"先胜而后求战。"商场如战场,同样需讲究战略部署。其实,不管承认与否,今天很多商业界的领先者都忽视了战略,而重视战术。对于企业来说,这是极其危险的。在开战之前,只有认真思考和确定战略,才能赢得战役的最终胜利。做微商也一样!不仅要拥有正确的价值观,还要找准自己的位置。

首先要有明确的个人定位,即明确自己在微商中是什么身份?是个人微商创业者?还是企业微商?是毫无微商从业经验、初出茅庐的新人?还是有过创业经历的"老人"?还要知道,你所处的是什么类型的行业?是准备尝试微商运营的企业,还是已经尝试过运营的企业?

加多宝是一种看似与可口可乐、百事可乐、汇源果汁同属一类的饮料,最大的差别在于它是一种凉茶。开始的时候,这种差异化并没有给加多宝赢得更多利润。后来,加多宝提出了"防上火"的概念,加多宝被定位为一种"防上火"的凉茶饮料。此概念一经推出,就受到广大消费者的欢迎。在2002年以前,加多宝的年销售额只有1亿元左右;明确"防上火"的定位后,年销售额超过了200亿元。

自我定位的重要性由此可见一斑。无论是企业，还是个人，都要先进行自我定位，再制订相应的营销策略。固定格式为：我是微商（微商ID），我想在（行业名称）领域内，为（目标客户）提供（主要产品），我要在（阵地）发布（哪种类型）的文章，让大家认为我是（客户心目中的定位）。

举例：

我是微商（面膜宝贝），我想在（面部保养）领域内，为（我的朋友）提供（最全面的面部护理）产品。我要在（朋友圈）发布（日常面部皮肤保养的知识），让大家认为我是（面部护理方面的）专家。

我是微商（好宝贝），我想在（童装）领域内，为（儿童）提供（高质量）的产品。我要在（朋友圈和微博）发布（最佳童装销售信息），让大家认为我是（童装信息方面）的专家。

这些话可以多写几次，然后围绕这些话，开始自己的微商之路。括号里面的东西，要尽量写得清楚一些；一旦定下来，就要坚持，不要来回摇摆。直到出了成绩或三个月后，再考虑变化；没有成绩，随意变化，可能是盲动。

没有清晰的定位，就不会有正确合理的目标。其实，微商定位相当于规划，不只是微商，不管什么行业，只有规划好了，做起来才会事半功倍。所以，定位是必需的。所谓定位听起来很高大上，其实很容易理解，就是你准备以什么样的身份、形象出现在微信好友面前，准备销售什么产品，你的优势和特点是什么。

例如，如果你在篮球方面很擅长，把自己定位为篮球方面的专家，你却在微商渠道销售化妆品,能销售好吗?即使所有微信好友都确实相信你是一个篮球专家,也肯定不会在你这里购买化妆品,因为你销售的产品和个人定位完全不沾边。

再比如,你是个微商,销售护肤品,把自己包装成了护肤专家,但你对护肤这个领域并不熟悉,对客户的提问一问三不知,你的定位和包装就是失败的,客户依然不会从你这里购买产品。

好的定位应该是这样的:它符合你的特长及你掌握的资源,同时和你要想销售的产品有着密切的关系。

要想做好定位,首先要分析自身的情况,根据自己的职业、性格、兴趣爱好和掌握的资源,找到最适合做微商的领域。这个领域一定是你熟悉的、精通的,如此你才能在这个领域成为专家,赢得信任。

加微商好友时,很多人都会把自己的签名改为"×××美容师""×××学院特聘讲师""祛斑专家"等。其实,这就是通过签名来传达自身定位的一种方式,能够在无形中让微信好友知道你的身份和特长。人们一旦认可你是领域专家、大咖的时候,恰好你又销售这方面的产品,刚好有需求的客户自然就会从你这里购买商品,成功率也就提高了。

当然,这种身份也不是想定位就定位、想包装就包装的,关键还要看你自己有没有这个能力。否则,一旦被人揭露或者发现,就容易引发信誉风险。为什么很多微商都要花钱上 MBA 班、要参加各种美容培训课、要开公司自己做 CEO?都是为了让自己的定位名副其实。一旦定位和包装成功,做微商的难度就会大大降低。

要想做好自身定位,还要认真分析自己的朋友、客户情况;看看自己的客户是美女、青年、创业者、公司白领、退休人员,还是服务企业、团队、企业家等,所有的这些都要进行详细分析。把人群定位好后,还要分析这些人的活动特点，例如，喜欢什么，在哪些网站、公众号和论坛比较活跃，他们的痛点是什么？将这些内容都分析清楚了，你就会对要把自己包装成什么样的角色了如指掌，然后通过各种方式把这种定位传达给你的潜在客户，他们就会接收你的定位信息。

传达的方法和技巧有很多，如微信签名、昵称等。还可以在和微信好友聊天的时候，有意无意地将这些信息传递出去，如你发朋友圈的时候，可以针对你的定位和客户情况，传递出你可以帮大家解决问题等信息。

只要将定位和传达做好，你的微信好友只要有相关方面的需求，他们就会在第一时间想到你，主动联系你，这就是所谓的做好定位，事半功倍。

打造优质朋友圈，为营销提供保障

要想做好微商，就要打造一个高质量的朋友圈。因为你不可能上来就和陌生人私聊，否则人家会以为你别有用心，效果也不会好。所以，在私聊前，总要和人家先认识、先熟悉。一回生，二回熟。

和对方多次互动、交流后，再和他们私聊，才会让人感到亲切、熟悉，就像是认识很久的朋友。那么，如何和人家先认识、先熟悉呢？要用朋友圈来吸引人家。

一、高质量的朋友圈

高质量朋友圈的打造包括以下几个要素。

1. 朋友圈封面图

这是一个最能发挥才能的地方。看到你的朋友圈，很多人可能不会细看你的每一条信息，但肯定会看你的封面。所以，要选择高质量的封面背景图。微商需要经常引流，添加粉丝，所以，在添加新的好友时，可能有人对微商不轻易通过，所以，封面选择照片要简单有美感就好。做微商，一定要培养自己自学与动手能力。对美图秀秀、天天向商、潮自拍、无他相机、抖音等这类软件，一定要达到信手拈来的程度。

2. 控制好发布数量

微商这个行业每天都在变化，一定要掌握行业的变迁规律。过去，微商发展，依靠的是朋友圈的红利期，什么意思？就是发图刷屏。人们对此感到新鲜，都想试用，所以发展很快。现在形势变了，没有团队，不了解微商动向，是不可能在市场洗礼中存活的。

现在在朋友圈刷屏，新人每天5—6条就可以了。而且，每发一条都要至少间隔2小时，可以告诉大家，你开始卖东西了。可是，又不能让家人朋友厌烦你，点到为止即可。等你们发展壮大了，要发布的具体数量自己定，一是产品种类多了，要多发状态；二是好友中陌生人参加了，经过第一轮洗礼，还没屏蔽你的就是真爱，所以这个时候多刷屏也无所谓了。现代人使用微信的频率越来越高，一般人会有500多微信好友，去刷看朋友圈时，一分钟就会有许多新信息盖过，如果朋友圈发得太少，微友通常可能刷不到、看不见。多刷一些，就可以以不同的内容吸引到更多好友的关注。

3. 搭配好发布比例

发布的内容要包括以下几点：单纯的产品介绍、产品反馈、励志语句、生活气息、团队互动、产品成交过程、品牌重大事项、进货发货过程图、创业故事等。比例的搭配上，必须有单纯的产品介绍、产品反馈，剩下搭配自己的生活、所在团队的互动、日常知识即可。

各自的意义如下：

有自己的生活，别人才会觉得你是个活生生的人，不是只紧盯他们钱包的"吸血鬼"。

产品成交过程截屏、进货发货过程图，能够显示你的实力。需要注意的是，晒整个打包过程时，最好把与快递员的交接情景拍下来，组成一套图发布在朋友圈，这才是有影响力的发货图。

团队互动，是吸引别人的另一个重要方面。现在微商之间的竞争就是团队的竞争，不管遇到任何问题，都可以在群里交流，大家一起分享，也可以吸引别人加入。

创业故事，就是你的团队如何转变和成功的故事。

品牌重大事项，主要是通过品牌影响力来吸引他人。

二、参与度高的朋友圈

现在的互动不只是简单的点赞，今天主要讲文案的编写。编写的文案要给微信朋友一种参与感，参与的人越多，越能形成良性互动。参与度高的微信朋友圈都具备以下几点。

1. 吊足他人的胃口

每个人都有好奇心理，你发了一条神秘的微信后，很多朋友都会好奇地问，迫切地想知道是什么。例如，你在朋友圈发一条这样的消息："今天又到了这里，想起当年……"然后，配上一张实景照片，恐怕大家已经开始好奇你当年在这里做过什么了。或者，拍一张大合影晒出来，让好友猜猜"我在哪"等，这样的朋友圈具有很强的互动性。

2. 主动邀请别人给建议

遇到一个问题，需要征求大家的意见或建议，或者需要大家的帮

微商那些事儿

助——通常发这种消息都是以疑问的方式结束。例如，在朋友圈发布："我计划十一去旅行，大家觉得哪里好玩？"当然，如果你对自己很有信心，也可以不用问号来求回答，来一句浪浪的"暴走"状态，回复量也会不少；还可以直接写一句"大周末的没有人一起玩耍，怎么破？"这样，就可以和大家互动起来了。

3.晒甜蜜，晒幸福

例如，结婚纪念日、一家自助游的照片。这样的照片，评论量往往比别的状态都要多，还能提升你的亲和力。

4.适当自黑也不错

自黑不是你想黑就能黑，当你能做到这一点，就真的天下无敌了。每个人多多少少都喜欢看别人的笑话，喜欢在别人身上找到一点乐趣。自黑的时候，一般都是以长相、财富、身高等做文章，例如，爆一张自己大学期间的照片，再爆一张自己现在白富美的照片，肯定会收到很多人的评论。

5.逗比也能无极限

简单来说，就是要变成"段子手"，甚至"段王爷"。如果自己写不出来，就直接附图片。如朋友把自己和老公拍的结婚逗比图片传在朋友圈里，她穿着燕尾服，老公盘着头、穿着裙子，两人甜蜜又欢乐，很多人都来评论，慢慢大家就成了朋友。

6.给他人一些甜头

要想引起他人关注，就要给他们一些甜头。可以使用的方式有：评论送礼品、有奖问答等。当然，还要看你的奖品和你的问题是什么？如果奖品没有吸引力，问题设置很难，参与的积极性就不高。在朋友圈，问题越简单越好。

7. 不要放太多的图片

如今，朋友圈里的图文信息太多，如果想发图，最好不要超过 6 张；接连看到 9 张图都是关于你的同一个角度的自拍图，恐怕也就没兴趣了再打开了。

8. 多留意具体的细节

拍自己试用反馈图时，一定要选好背景。杂乱的背景最好不要出现在镜头里。例如，客户买化妆品是为了美丽，是为了提高自己的生活品质，把高大上的产品放在路边摆摊和背景墙暗黄的地方都是不妥的，因此一定要仔细检查自己的反馈图。

写原创内容，发原创视频

现在，做微商的越来越多，朋友圈仅有的几个熟人，可能也成了微商。熟人生意越做越窄，要通过朋友圈去挖掘更多的客户，寻找更多的客源。

很多人觉得自己写发布信息，总是写得不好，就去复制别人的，或者直接改个标题。其实，这样很难打动人。人们都喜欢原创的东西，即使你不会写原创文章，也要学会"伪原创"，把别人的文章改成自己的。

文字是朋友圈灵魂的体现，没有灵魂的文字，没有任何价值。朋友圈里充斥着没有价值的东西，又怎样能运营好朋友圈，靠朋友圈赚钱？所以，朋友圈文案的内容要有灵魂、有价值的体现，满足用户的需求。要坚持原创，复制粘贴不会带给你任何的增值，只会降低你朋友圈的档次。

2016年3月，网络信息称，网红papi酱融资1200万元。对于网红，很多人持保留态度，因为在人们的印象中，网红就是整容脸加低俗。可是，看完一段papi酱演绎明星获奖后内心变化的视频后，我立刻知道了为什么会有那么多人追捧papi酱了。首先，具有独特的标志，集美貌与才华于一身的女子；其次，一人多角，演技过关；最后，抓热点。虽然当前网红捞金能力强大，但多数网红没有辨识度，输出的内容同质化严重，很难让粉丝不离不弃。在这种背景下，偶然出现一个不靠美貌，靠幽默、诙谐或励志等多元化内容方式的"内涵派"，网友自然会买账。也就是说，papi酱的走红首先是因为她生产了优质的原创内容。

如今，做微商的有很多，可是，如何才能在众多的微商中突出自己呢？这需要掌握一些技巧和方法。最重要的一步就是发朋友圈。朋友圈是一个展现自己的平台，别人可以通过平台了解你是一个什么样的人。你需要通过朋友圈展现你的商品，并吸引感兴趣的朋友进行购买。所以，你的朋友圈必须展现出一个真实的自己，还要保持自己的腔调，要让人觉得你有自己的性格和风格，要让人家耳目一新，如此，别人才能感受到你的存在，才能感受到你的魅力。

除了偶尔发一下关于产品信息硬广告，所有内容都要原创。因为，原创的才是真实的，做微商选产品，只有自己亲自使用，才更有说服力，才有底气分享出去。即便写作能力不好，不会原创，也要用心。不要整天复制粘贴上级代理的或其他人的内容，要用自己的口吻来编辑，软文只有自己写出来才有自己的特色。

朋友圈，就是朋友之间的圈子。既然是朋友，就应该让别人知道你长什么样子？如何辛勤工作？怎么给客户包装发货的？发的内容不要整天

"拉仇恨"，但也不能太低端，要接地气，让人知道你是一个活生生、有血有肉的人，最好有一些自我特色，如漂亮、热情、博学、真诚、勤奋、正能量。这些都可以用自己的语言记录下来。

如今的运营环境，必然会越来越重视原创内容。很多微商没有原创内容，开通自媒体、公众号或网站后，坚持不长时间就没有内容可以提供。这里跟大家分享 10 个原创内容的来源，供参考。

1. 整理新闻内容

将新闻或别人的内容整理并附上自己的见解，就可以形成自己的心得。记住，一定要附上参考原文。

2. 进行行业动态播报

可以在朋友圈播报你所在行业最新动态、最新技术、最新案例等。

3. 认真回答热门问题

针对行业近期热门问题进行回复，阐述自己的观点或建议。

4. 做个行业人物访谈

对行业内专家或领袖人物进行采访，记录采访的内容，整理后发布出来。

5. 合理使用长图或信息图

有些长图或信息图本身就是由知识点或内容整理而成，只要反着做，把这些知识点转化成文字，就是一篇系统性很强的原创内容。

6. 选择合适的视频、音频形式

现在微信或网络上有很多视频、音频发布，观看聆听这些视频或音频的内容，再把这些视频、音频讲述的知识点或内容用文字的形式表现出来。

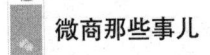

7. 跟客户做好干货分享

把自己收集、整理的内容跟朋友们分享，这种方法最直接、最受欢迎。

8. 做份行业报告也不错

对所在行业进行研究调查，并形成报告，发布到朋友圈。

9. 循环整理知识点

不定期对自己的知识点进行系统整理，不同时期，同样的问题，要有不同的思路、看法。

10. 展示自己

不仅可以访谈别人，也可以适时地展示自己。想想看，在自己的经历中哪些是值得和大家分享的？哪些是符合平台或网站频道要求的？将这些整理出来，就能形成一篇有价值的原创文案。

将有价值的内容分享给微友

"只要是有人的地方，就有江湖！"金庸、古龙等武侠小说里都表达过这个观点。在现实生活中，这句话改成"有人的地方就有买卖"或许更合适。在每个人的微信朋友圈里，都会出现一些销售商品的微商，只不过他们使用了不同的招术而已。

同样在叫卖，为什么会出现完全不同的结果？

微商小张这段时间感到很苦闷，点开朋友圈，里面出现了很多关于服装的产品信息，自己想看的信息却看不到。她立刻告诉这个刷屏的微商，不要这样做，发布内容主要是为了让别人看，如果大家都将你屏蔽了，你还在那傻乎乎地自娱自乐刷屏就毫无意义。

为什么会有别人会屏蔽你？因为你往朋友圈推送的内容，一点价值都没有。

有次吃饭，周均对朋友说，他最近看了一本关于断舍离的书，之后仔细对朋友圈进行了梳理，屏蔽了一拨人。周均的朋友赞同他的做法，并问："被你屏蔽的朋友圈都是什么类型的？"

周均一听，立刻兴奋起来："我最讨厌的朋友圈，就是成天发广告，什么二手车、装修设计、海外代购、理财产品推荐，这种人必须屏蔽，每次都差不多，天天发，烦死了。我最不喜欢的是，有些微商一天发十条八条，搞得像是杂货铺。"

朋友附和着："对！有的人是动不动就要人点赞、投票，无非是集赞满多少送个礼物、享受优惠折扣之类；投票吧，又要关注公众号。有的更恶心，还要注册，浪费时间。"

翻开朋友圈，多少内容是你不喜欢却占用了你大量注意力、时间的？最近几年，随着微信的普及，从小学生到退休大爷都开始使用朋友圈了。确实，朋友圈是个人品牌营销的橱窗，是展示个人形象、增加个人社会影响力的重要渠道。通常，添加微信朋友后，都会习惯于翻看对方的朋友圈，因为通过朋友圈，可以看出对方的价值观、性格和生活习惯等。

对于微商来说，更应该注意朋友圈是微商的江湖、卖场，通过朋友圈，微商能够大展身手，吸引客户，成交商品。朋友圈好友为什么要关注你？除了你是他的朋友外，更多是因为你有价值。会写文章是一种价值，长得漂亮是一种价值，会赚钱是一种价值，你的产品能帮助他也是一种价值。所以，你必须挖掘自身的优势，然后将其放大。

朋友圈分享的内容，一定要是对别人有价值的，要多付出，而不是单纯地索取。如同你买东西一手交钱一手交货，只不过这是一个无形的资产交换。你在朋友圈贡献价值，大家就能知道你是做什么的。有需要的时候，自然会主动找上你。

在朋友圈，不一定要完全推送产品图片，还可以分享产品故事或方法、技巧之类的。可以在网上查找一些关于这些东西的故事分享给大家，这类文章网上很多，从中挑选内容较好的修改成属于自己的风格。如此，人们就能从侧面了解你的产品，无形中增加大家对你的认可和信任。

介绍产品的时候，直接说自己的产品有多好，是赤裸裸的广告，完全可以换一个角度，例如，销售面膜，可以跟朋友分享自己对护肤、养身方面的知识，可以晒晒自己皮肤及气色方面的改善原理。用这样的方式来分享价值，效果绝对比直接推送赤裸裸的广告要好，而且客户会更加高端精准。如何给粉丝带来有价值的内容呢？

第一，尝试着总结一些微商价值化的内容，跟大家分享。定时分享一些干货，让客户觉得你有价值。

第二，少发硬式广告，否则会引起粉丝的反感，即使是刷广告，也要柔软一点，内容接地气一点。

第三，朋友圈的内容要情感化，要带有自己的情感色彩，要用心对待每一位朋友。

第四，内容要专业化，体现出自己的专业和特长。如果你是一名医生，连基本的医学常识都不知道，还有人敢来你这里治病？

第五，内容人性化，不要每天都不停地刷屏，要发自内心地帮助每一位朋友。

第六，内容要生活化，内容的穿插要体现出生活化，与客户拉近距离，把真实的一面展现给大家。

学会互动，主动互动

在微商经营过程中，很多人都会遇到这样的问题：自己在朋友圈发布动态，没有陌生人互动、点赞、评论，也没有人找你咨询，顶多就是一些熟人朋友给你点个赞。微商是一种信任经济，只有彼此的关系到位了，客户才会买你的产品。朋友圈互动能够大大增强你与粉丝的关系，大幅提升产品成交率。所以，必须通过一些方法来提升与朋友圈好友的互动频率。

每天重复粘贴毫无个人特色和情感的圈文，只会让你的朋友圈静如一潭死水。那么，如何提升朋友圈互动频率呢？

一、跟自己开个玩笑，乐一乐

何为自嘲？就是开自己的玩笑。例如，今天老婆不在家，自己做饭吧！第一次做饭哎，也不知道熟了没，到底熟了没有啊？

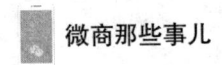微商那些事儿

二、使用流行的网络段子

人们都喜欢看流行的网络段子，因此可以发一些这样的内容。搞笑段子一般会引人点赞、评论或者转发。去哪里找呢？网上有很多段子手，段子网也不在少数，没事看一下即可。

例如：

少年问科比："你为什么能取得这样的成功呢？"

科比反问："你知凌晨四点钟的城市是什么样子吗？"

少年点点头："知道啊！不过，一般那个点我还没醒呢，怎么了？"

科比："没什么。"

三、开展小型的互动活动

要多进行小型互动活动。比如，朋友圈集赞送好礼。要免费送、彻底送，不要搞虚假活动，如一片面膜免费试用，结果运费就要人家出25元，就不合适了。

具体的互动活动可以采用以下方式。

1. 集赞，送定向红包

点赞送红包，又简单，又直接，又方便。关于点赞的图片，可以使用自己的产品做主图。通常，产品海报上都介绍了功能、效果、适用人群等，可以将点赞的数字写出来，别人看着你送的红包多、中奖率非常大，也就乐意给你点赞了。文案的设定，要根据自己的产品图做得简洁一些，突出重点，不要使用太多的表情和符号。

2. 集赞，送小礼物

比如，转发本条动态并集齐188个赞，可免费领取×××，此活动长

期有效；集赞截图发×××，即可免费领取。真的是免费领取哦，运费也是我们出。

3. 集赞，抵现金

比如，"集齐388个赞，原价188元的×××立减100元，包邮哦。每个地址限领一份，仅限10个名额，抢到就是赚到。名额有限，抢完为止。"

4. 免费试用

比如，"购买×××，可以免费试用×××产品，只要填写一份试用报告，反馈试用效果即可退还邮费。"

5. 免费送实操

微商最缺乏也最感兴趣的就是实操，况且还是免费领取，谁不想多学习一些东西。当然，实操标题一定要吸引人、内容要有内涵及干货，普通的东西一般团队都有，吸引不了别人的关注；没人做过的，才能吸引眼球。

四、重视点赞和评论

看到别人发动态后，要积极地去点赞、评论。点赞有什么用？没什么直接的用处，可是长期坚持下去，就能取得不错的效果。点赞最大的好处就是刷脸，加深别人对你的印象。朋友圈人数众多，必须刷出感觉，提高存在感。评论必须发自内心。

五、主动向微友寻求帮助

生活中，总会遇到很多问题，可以利用这些问题与陌生朋友建立起感情链接。例如，"最近牙疼，吃药一直不好，大家有没有什么偏方呢？"或者"下月打算去某地旅游，大家有没有什么景区推荐呢？"助人为乐的好人有很多，只要看到你的留言，相信多数人都会回答你的问题，你只需对他们表示感谢或给他们一个笑脸即可。这样的互动，会给彼此留下深刻的印象。

微商那些事儿

借他人之力为我所用

一天，一只兔子在山洞前写字。一只狼走过来，问："你在做什么？"兔子说，我在写文章。狼问，什么题目？兔子回答："浅谈兔子是怎么干掉狼的。"狼不相信，兔子说："不信的话，你就跟我到山洞来看看。"狼跟随兔子进了山洞，里面有只狮子正在等着。狼进去之后，再也没出来。

兔子是如何干掉狼呢？借助狮子的力量。一个人的力量是微小的，但背后的力量是无穷的，关键就要看你会不会借力了。只有学会借力，微商之路才会更加顺利。

优秀的微商都懂得借力，这里跟大家分享一个故事：

有个出版商，有一批滞销书，很长时间都无法脱手。一天，他突发灵感，想到一个好主意。

出版商给总统送去一本书，之后反复去征求意见。总统忙于政务，不想跟他多纠缠，便回了一句："这本书不错。"之后，出版商便做出广告："现有总统喜爱的书出售。"于是，这些书很快被一抢而空。

一段时间后，这个出版商又有书卖不出去了，故伎重演，又送给总统一本。总统上了一回当，就说："这本书糟透了。"出版商听了，不但不生气，还脑子一转，做了一则广告："现有总统讨厌的书出售。"结果，又有很多人在好奇心的驱使下，争相购买，书立刻售完。

第三次，出版商又将一本书送给总统。总统接受了前两次教训，没说一句话。出版商大做广告："现有令总统难以下结论的书，欲购从速。"书居然又被一抢而空。总统哭笑不得，商人发了一大笔财。

营销人都知道一句话：借力使力不费力，点头微笑数钞票。所以，要想在微营销时代快速起盘和赚钱，就要学会运用这一个非常有用的策略；这也是那些百万级大咖都在使用的赚钱思维。一旦掌握了这个秘诀，打通了你的赚钱思维——杠杆借力，就会以十倍以上的速度提升赚钱能力。

看明白上文中出版商的故事，相信，你已经认识到了杠杆借力，可以移花接木，可以无中生有。如果有人对你说，建立信任最快的方法就是杠杆借力，这一方法还是打开微商百万资产和私人银行的钥匙，能够让你零成本、零风险启动任何项目，实现财富梦想和人生蓝图，你一定不会完全相信。但读了下文中世界营销大师总结的原则，相信你一定能够理解杠杆借力的重要意义，从而实现快速赚钱，彻底引爆你的财富想象力。

世界级营销大师杰·亚伯拉罕认为，杠杆借力的三大核心真理原则如下。

原则一，在这个世界上，任何想达成的目标，已经有人做到了；你要做的就是找到这个人，向他请教学习。这个世界上，你想要的东西，别人手中一定有，你只要找到他，就可以通过借力的方式获得这个东西及其使用权。你也可以向这个人请教如何快速地获得这个东西，从而省去无数的摸索时间。

原则二，在这个世界上，任何你想做的事情、想达成的目标，一定有别人跟你一样想要达成；你要做的就是找到这些人，和他们一起努力。这个世界上，任何一个条路都会有两个以上的人在走，大家都在同一条路上，可以相互借力的去达成共同的目标。

原则三，在这个世界上，当你达成一个目标、做成一件事情之后，一定会有人因为你的成功而获益；你要做的就是找到这些人，告诉他们："当你成功后，他们将获得怎样的好处？"这样，他们就会帮助你，让你更容易成功。

你所做的每件事情都在产生价值，这种价值在流通之后，必然会让一些人受益。预先传播价值给客户，就能获得客户的支持，从而让你轻松走向成功。

因此，对于微商新人来说，只有懂得借力，才会走向成功。例如，参加一些线下活动，可以见到一些大咖或圈子里有影响力的人物，一定要主动与他们合影，与他们交流。

另外，还可以借大咖的"东风"。与大咖关系好了，粉丝自然也就来了。可以利用大咖做背景，与大咖建立关系，例如，给他送点东西、微信@他、发封私信等，时间长了，大家就会成为朋友。

第七章

掌握加粉的方法，储备更多准客户

成功融入微信群

做微商,要多加群,加好群。通过加群刷脸,可以一对多的方式,批发式地培养与群友之间的信任关系;通过加群刷脸,可以以一对多的方式,批发式地营销你的知识、产品和你自己。

进入一个群后,有些微商从来都不"冒泡",交了钱,也没有得到额外收获,然后就说这个群没用,浪费了钱;有些人则早就赚回了学费,不仅认识了一些人,还招到了很多代理,把自己的商品销售出去,回报超过五倍、十倍,甚至几十倍。为什么会有这种差距呢?关键在于,前者不懂怎么融入群里。那么,怎么融入微信群呢?

第一,要和群主搞好关系。如果群主不喜欢你,你随时都会有被踢出群的危险。当然收费的群一般没有这种可能,可是跟群主的关系好,只有利,没有害。

那么,如何和群主搞好关系呢?要学会捧群主,就是不管什么情况下,都要拥护群主,毕竟这个群是他的地盘,谁都喜欢有人支持他。如果是男群主,就说"群主好帅",群主发出言论时,要说"群主好棒"。

时刻肯定和配合群主,就会给群主留下一个好印象,会觉得你这个人特别有意思,嘴巴特别甜,下次定然会特别关照你。一旦群主喜欢你,成了好朋友,你在群里发广告,就成功了一大半。

第二，成功和群内活跃分子"混"熟。每个群里都有几个活跃分子，他们都和群主关系不错，或者说话有一定的分量。

进群之后的几天，先不要发言，观察哪些人比较活跃，再开始说话。怎么"搞定"活跃群员？如果是女人，你就夸她们好美、好个性、好时尚，称她们为"女神"；如果是男人，你就称他为"男神"，一句话就是，要根据他们的聊天内容赞美他们，想办法加他们的微信。

刚开始的时候，要多去他们的朋友圈露脸，在他们面前留下好印象。之后，私下定向发红包，或者送些礼物。总之，要用各种办法混熟这些人，和他们成为朋友。

第三，多说肯定、赞美的话，懂得取悦他人。玩微信，进行社交，考验的是你的情商。不会说话的人，谁都不喜欢。夸人不是假，而是一种艺术。很多人都说，自己不喜欢那些很假的人，只会夸人。殊不知，奉承他人，对方不一定喜欢你；但不会奉承，会让自己陷入更多窘境。

人缘好的人一般都是一个懂得说话的人，他们不会轻易得罪人。在朋友圈里，要多夸赞别人。例如，人家在群里发了一张照片，你就说"好美"；人家发了一个红包，你要说"谢谢""土豪""我爱你"等。如果你对每个人都有礼貌，人们自然就会喜欢你，你在群里的地位也会逐渐提升。千万不要在群里得罪人，甚至批判某类言论，要给他人留下一个好印象。

第四，舍得发红包，赢得微友好感。不管哪个群，总有一些喜欢发红包的土豪。俗话说，有舍才有得，越舍得，越拥有。当然，这要和你的资源相匹配。有个朋友在一个收费群里发了1000元红包，并持续地在群里提供价值，讲创业故事和招商政策，第二天招了两个总代，每个总代5万元，一下子就把红包赚回来了。发红包的作用由此可见一斑。

当然，发红包也是需要掌握一定技巧的。例如，要看时间，要注意节奏，不能发太少，不能发太小，要在人多的时候发，要在有气氛的情况下发。记住，你的目的是引起他人的注意，让人家关注你。

做微商，一般都要招代理，你连红包都舍不得发，别人就会觉得你没钱、没有实力，自然也不愿意做你的代理。结果是，那些发大红包的人，一般都可以招到很多代理；而不舍得发红包的人，自然就无法招到代理。

第五，学会分享，不吝啬。在一个群里，很多人的价值观都是相同的。如果你能在群里分享怎么加粉、怎么招代理、怎么发朋友圈、怎么管理代理、怎么卖货、怎么互动，分享的都是干货，相信很多人都会认可肯定，对你赞赏有加。之前没有加你的人，也会主动加你，甚至还会在朋友圈分享你的信息，这是最有效的推广方式。

当然，在分享之前，最好和群主打好招呼，让群主支持你，才显得更加正式。优秀的微商都会分享、会培训，如果你还不会，说明你还不是优秀的微商。要想做好微商，群分享是必不可少的，也是至关重要的。

第六，帮助别人就是帮自己。很多人总是想别人帮助自己，从来不会想到帮助他人。跟代理分享初期玩微信时，李姐说：那时我有几千好友，人数比较多，活跃度也高，我就想把别人推荐给他们，让他们也有好友。就这样，我每天都会筛选几个优质人员进行免费推荐，一段时间后，帮助了一些人，他们也在他们的圈内推荐我，于是就形成了一种互相宣传；同时，也得到了大家的认可和尊重。

在群里，如果有些人是卖农产品的，你正好有需要，就可以支持他，买他的东西，对方就会欠你一个人情，有机会的时候，对方一定会帮助你。记住，帮助别人，就是帮助自己。

第七，冒个泡，不要让别人忘记你。很多微商进群之后，再也没有说过话，从来都不"冒泡"。一句话都不说，这个群对你来说毫无价值，除非你觉得这是一个没有价值的群。加入对自己有用的群，一定要经常在群里"冒泡"，长时间不去，人们就会忘记你。尤其是付费的群，更不能冷落它，一定要和群里多互动、玩社交。

要想让他人记住你，唯一的办法就是互动，提供价值类互动。只有进行良性互动，才能赚钱、才能得到很多资源、才能不断成长。

第八，安插内线，适时互捧。群里没有自己人，对你是非常不利的。自己夸自己、说自己牛的时候，人家一般不会认可。如果有几个认识的人，他们说你很厉害，效果就会比较好。例如，进入一个群，很多人都不认识你，你上前打招呼，就有人说"桑美人来了""我好崇拜你"等，不认识你的人就会感到好奇，桑美人是谁啊、做什么的？认识你的人就会说，她是微信大咖，有多少粉丝、怎么厉害等，其他人一定会更愿意加你。所以，进群必须带几个认识的人，这样才对你有利。

第九，让别人主动加你

一进群就立刻加人，会自降身价，要学会让别人主动加你，具体方法有：在群里分享、发红包、互动等。学会抬高身价，这不是装清高，而是一种技巧。

第十，和微友在朋友圈多互动

要和群里的每个人多互动，尤其是在开始大家还不熟悉的时候。此外，还要在朋友圈多评论、多互动，这样才能更加了解彼此、加深感情。发微信后，可以定期@一些你认为比较活跃的人，或者特意去一些可能跟你同频的人的朋友圈进行互动。记住：混群的目的是什么？交朋友、卖出货、赚到钱。

多上几节微商公开课

公开课是最容易吸引精准粉丝的一个办法，只要你掌握有丰富的知识，就可开设公开课。当然，如果想获得精准粉丝，自己所讲的公开课内容，也一定要跟你的产品相对应。例如，你是卖瘦身产品的，就可以讲些关于瘦身方面的知识，吸引来的粉丝都是想学习瘦身知识，或者自己本身存在肥胖烦恼的。

讲授公开课，可以自己搭建微信群，把自己的好友拉进去，或者让朋友帮你把想学习的人拉进去听课。例如，三年前，我微商刚起步时，第一次讲公开课，前期做好了宣传，把微信好友请进群，分享了自己的心路历程、不甘平庸而尝试过的种种创业故事及我微商起步第一个月就赚两万元的故事，培训结束，当场成交营业额三万元。

当然，除了自己搭建微信群外，还可以到别人的群里去讲，例如，到别人的微信群、QQ群、腾讯课堂、搜狐自媒体视频、百度视频、优酷视频等平台去录制自己的公开课内容，进行宣传，最后留下自己的微信号即可。

微商新人，千万不要认为微商公开课都是大咖的专利，其实只要按照下面的方法，精心打造，任何人都可开设微商公开课。

微商公开课，必须具备三个关键人：群主、主持人和讲师。

1. 群主

群主的作用是，维护群的秩序和温度，保持适当的群消息互动，同时，看到捣乱课堂的即时清理。不要只是简单地提出警告，只要发现乱打广告或发布无关内容的人，就不能留下，要确定课程的严肃性；踢出去相关人后，要截图发到群里，警告大家，并强调公开课的作用。

2. 主持人

整个群的活跃度最关键的在于主持人。主持人不是拿来做摆设的，有些人听语音时会感到疲劳，可能不愿意点开听，主持人就要将简单易懂的文字打出来，让大家看到内容的大概意思，例如，讲到什么内容是该放大招了，还是该互动了。

主持人要跟着讲师的语音走，只要下一个语音出来，主持人就要立刻查看讲的什么，然后提炼出内容来。如果整堂课的气氛有点沉重，没有活力，主持人就要随机应变，活跃气氛。讲师讲到需要互动的环节，语音刚落下，主持人就要将文字打出来。课堂如果没有互动，就没有渲染力。

3. 讲师

讲师不用在意课堂气氛，把课上好，是对代理最大负责。打造朋友圈公开课前，没有做好准备，就不要开讲。要准备充足，争取开一场完美的课、有价值的课、发朋友圈能让别人称赞你的课。不要糊弄，走过场，否则只会让自己信誉受损。

打造朋友圈公开课课件的大纲为：首先，讲讲你要带给这堂课的价值。接着，讲对大家有帮助的内容。之后，讲讲你的个人经历及自己的蜕变，要让别人知道，通过努力，你带给家人什么样的改变，带给社会什么样的福报。

朋友互推是最简单的方法

朋友互推是最简单的方法，可是很少会有人去使用。为什么？因为很多人都走不出第一步，不好意思跟朋友要求互推。其实，只要敢跟朋友提出互推的要求，相信大部分好友都会答应你，因为他们也需要精准粉丝。

可以每天挑选两个好友与你互推，前提是，两个好友跟你销售的产品没有任何冲突。如你是卖护肤品的，就可以找卖减肥产品的朋友互推。如果自己本身就是卖护肤品的，又去找卖护肤品的好友互推，别人是不会同意的，即使同意了，效果也不好，因为你们是竞争对手。

当朋友决定跟你互推的时候，还要给自己编辑一个好文案。如果只是随便把二维码发出去，加回来的粉丝并不精准。文案要能展示出你是干什么的，同时还能帮你吸引粉丝。

例如：

这个是我的好朋友，在卖护肤品，大家有需要可以找她。

这样的描述，效果不会理想，因为卖护肤品的人实在太多了。即使有些人影响力很大，他的粉丝也非常喜欢他，但这样的介绍也会显得枯燥无味。

可以换成：

这个是我的好朋友，从事线下实体美容院工作十年，有着丰富的美容护肤经验，是一名护肤达人，有护肤问题，可以直接扫描二维码加她好友向她咨询，暗号：×××推荐。

如此，不仅简单，还能展示出你的朋友是一名护肤达人，有着丰富的美容护肤经验。另外，需要暗号，来彰显他的身份特殊。这样的文案，就比前一条好多了。

微商互推吸粉，其实很简单，就是找人互推，把对方推荐给自己的朋友，实现资源互通。在互推时，还要注意以下几个问题。

一、和谁互推

评定一个微商是否优秀，有一个非正式的标准，即把好友变成陌生人，还是把陌生人变成好友。大部分微商看到上述标准时，会认为好友就是生活中的闺蜜、好友。其实，在社交时代，一切皆有可能，微商要跳出思维定式。那么，为了得到社交时代的好友，应该和谁进行互推呢？

1. 微信好友

这里所说的好友指的是微信好友，而不是仅仅局限于生活好友。因为生活中的好友资源是相对有限的，而微信好友是不断裂变的。

2. 牛人大咖

牛人大咖推荐时，不仅可以为你提供数据，还能帮你建立知名度。有了他们的推荐，你就可以更容易地获得其他人的推荐。如何让他们愿意推荐你呢？最简单的办法：成为他们的学生、粉丝、众筹成员等与他产生链接的人。

3. 基于微信的社群组织

要想获得被推荐的机会，就要加入一些组织。例如，K友会、吃货群等。这些组织都是基于微信的，组织里的成员和你是同频的，更容易达成互推合作。

4. 经营不同类目的微商

同为微商大家都有数据需求，再加上大家做的是不同类目，不会构成竞争，完全可以互推。

5. 微信公众平台

公众平台也是互换数据资源的好去处。

6. 所有能够利用的资源

逛街、购物、娱乐时，要跟店主、店员多交流，如果大家兴趣相同，就可以一起合个影互推下，好处是比较接地气。

二、互推的准备

机会是给有准备的人的，要想成功互推，就要提前做好准备工作。

1. 准备好70个字左右的文案

文案里要带有自己的微信号，然后在微信里收藏起来，做好标签，互推资料。互推的时候，第一时间发给对方，不仅不用对方编辑，他发出去的也是你要想的内容。

2. 准备2—3张照片，微信二维码图片

要通过不同的角度充分展示自己，要有吸引力，照片最好是场景照，看到照片就能联想到你做的产品。如果你是做代购的，就发些国外旅游的照片；如果你是做有机生态食品的，就发些生态园的产品；如果你是做减肥产品的，就发自己的减肥前后对比照。

3.有一张和推荐人的合影

合影会大大增加推荐效果。

三、提高互推效果

微商互推铁律：推人不推产品。让对方帮你推荐产品，就是广告，不仅对方不乐意帮你推，即使推了，得到的效果也不一定很好。即使有效果，也会透支对方的信任，很难有第二次机会。

微信的本质就是打破时间、空间的线下壁垒，让大家在社交生活里找到和自己有共同特点的人、社群。推人不推产品是一种社交行为、一种分享经济，不仅效果不错，还是一种为对方加分的行为。至于你的产品，有了数据，也就有了转化成交的基础。

四、重视大咖的推荐

在移动互联网圈子里，有些大咖或专业做推荐的账号，每天都会推荐全国各地的各种牛人、资源等，可以关注这些账号，根据推荐添加，这个方法的特点是通过率100%。

这些人大多是移动互联网行业的相关人员，虽然他们成为客户的可能性不大，对于你的传播和影响力却有着巨大的价值。合理利用，对于微商事业将有巨大的帮助。例如招商，这些行业人员可以帮助你迅速地把信息传递到全国，建立起品牌影响力。

互推的价值不容小觑，互推就是资源共享、彼此借力。微商本身就是一种分享经济，分享是基于信任关系建立的，基于信任的背后获得的粉丝更有价值、更精准。

合理利用QQ空间

做微商不要只局限在微信上。微信只是一个传播工具，只不过能帮你实现交易罢了。

很多朋友做微商，并没有在微信上做，同样做得不错。所以，要扩展更多的渠道去推广，去引流。比如，QQ空间就是一个非常好的地方。平时在发布朋友圈信息的时候，可以直接同步到QQ空间；另外，还可以利用QQ空间日记来做宣传。数据显示，2014年元旦当天，空间日志、说说、点赞、评论等信息发表量超过了10亿次。做个最保守的估算，即使每个人发表十条信息，也有一亿用户。如果这一亿用户中的万分之一能转化成微商的用户，收入也会非常可观。

QQ群里的人大多都有一个共同的目标或兴趣爱好。微商是各种产品的代理群，自媒体是自媒体创业者的交流群，一定要针对自己的目标去加群。只要群的数量和活跃度达到了，即使是群发，也能引来不少人关注、添加。

为了获得这些用户，有些事情是必须要做的。

一、装扮自己的空间

我们一直说：打扫干净屋子，再请客。个人的QQ空间也是如此，你不装扮就不会引来用户观看。在设计方面，可以采用开门见山式，让客户一眼就看到你的产品，知道你能为他提供什么样的服务，这一点，符合高效的要求。还可以采取美化空间的方式，让用户在驻足观赏的时候发现你的产品。一些用户会因为认同了商家的审美感，从而购买你的商品。

二、开通会员和黄钻

开通会员后的 QQ 可以添加 3000 个好友，而普通 QQ 号只能有 1500 个好友。少去 1500 个用户，用户的转化率必然会受到极大影响。

玩过 QQ 游戏的人都知道开通黄钻的意义，就是能享受到特殊服务。例如，遇到一个下棋缓慢的选手，可以把他一脚踢开。在微信营销方面，主要是利用黄钻的装饰功能，例如，个性相册、小视频、黄钻套装等，会为你的精美空间锦上添花。

三、用心写日志

很多旅游歌曲的歌词，优美的描述都让人神往，这就是文字的力量。优美的空间配上高质量的文字，才能显示出高雅的气质，这样才能提高产品的档次。因此，发表文章时，不要为了求优美，而忽视了好友的欣赏品位。为了吸引眼球，文章的背景最好配上图片，如此，好友转载的可能性也会大增，有利于产品宣传。

四、积极开展互动

古人说，来而不往非礼也。这句话在 QQ 空间中也非常适用。没有人会关注从不在自己空间留言的商家。留言不能敷衍，更不要只点赞，要使用能引起好友关注的话题，这样他才会回访你的空间、看你的产品。产品和软文要定时推陈出新，满足好友的好奇心，这样才有利于产品的推广。

五、把相册做精美

在这个全民读图的时代，在产品面前，语言描述得再好，也不如照片看上去一目了然。许多人了解一位朋友的第一选择就是看照片。既然大家有这方面的需求，就要精心做好这一步。

关于产品的链接，可以放在照片左上角。也许有人会说，左上角太碍眼，不如放在右下角。事实上正是碍眼才会更吸引人关注，商家的目的就是让好友看到那个链接。

做得好的微商都在使用QQ群

QQ群圈粉是一个非常好的办法，几乎每个做得好的微商都在使用QQ群引流，精准粉丝也非常多。怎么实现QQ群圈粉呢？可以加一些行业相关的QQ群。例如，你是销售护肤品的，可以在QQ群里查找关键词"护肤""护肤经验""美容"等，然后按照活跃度排序，一个一个地加。加的时候，要留言，通过的机会才会更大。进入一个新的QQ群时，不要急着发言和发广告，要多观察。如果觉得时间充足，可以在群里和其他人积极互动，帮助那些有肌肤问题的朋友解决问题，最终他们会因为感谢你、相信你，主动要求加你为好友，向你购买产品。

上文的方法是在别人的群里吸引精准粉丝，当然，还可以建立自己的QQ群，建立自己的"鱼塘"，吸引精准粉丝。怎么做呢？以卖减肥产品为例：如果你是卖瘦身减肥产品的微商，就可以建立一个跟减肥有关的QQ群。刚把群建立起来的时候，一般都没有人。你可以拉自己的好友进来，也可以到淘宝去购买"僵尸粉"。购买"僵尸粉"的目的是，让你的QQ群获得一个好的排名，只有排名靠前，才能吸引别人主动来加你。

争取QQ群好的排名主要好处有：搜索进来的基本都是精准用户，粉丝可以根据自己的需要选择加入，你可以根据自己做的行业或产品用户挑选群关键词来争取排名；积累数据库，可以根据粉丝人群直接创建与他们相关的兴趣群。那么，要如何提升QQ群排名？

一、选择群名称关键词

群名字关键词的选择，直接影响到要吸引什么样的粉丝。如果你是做减肥产品的，你的粉丝群体都是减肥用户，就要围绕"减肥"这个关键词来扩充群名称。如此，搜索到群的基本上都是跟"减肥"相关的人。所以，名称一定要设置好。

需要注意的是，如果想做热门词，要尽量多做点长尾词，例如，×××减肥或减肥×××之类的。这样，别人在搜索长关键词的时候，群名会更加匹配。

二、判断关键词热度

有些热门关键词群，需要2000人，才能把群排名顶上去；而有些关键词的群，只要500人规格，就能把排名顶上去。所以，可以根据搜索出来不同的情况，决定用什么规格的群跟别人竞争排名。

三、合理设置群内容

1. 群名称

群名称应包含关键词，如果你是经营童装的，要在群名称上加上"童装"两个字，之后再添加相关的关键词进去即可。

2. 群介绍

群介绍要加上关键词，也可以加上自己的微信、QQ号，如此才容易吸引别人加你。

3. 群标签

设置里，要包括"童装"及相关内容。

4. 群资料

群资料的完整度为 100%，才能促使群排名提升。

四、控制群成员人数

为什么要不断增加群人数呢？群排名的规则是你的群规格大、群人数够多，排名就靠前。所以，只要使你的群人数增多，排在前面的可能性就大很多。

如何添加群人数？可以找万能的淘宝来帮忙。淘宝上搜索"QQ群"，会显示很多做"僵尸粉"的商家，只要购买大概一半"永久离线"、一半"手机在线"的人群即可，成本最便宜。热度一般的关键词，只要将群名称等细节设置好，群人数增加了，排名也就上去了。

五、保持群的活跃度

对于热度比较高的关键词，比如，减肥、护肤，有时前面有好几个2000人的群，自己的排名比较低，怎么办？这时就要涉及群等级和活跃度了。同等规格的群，在人数基本相同的情况下，活跃度越高，排名越高。

只要保持住排名，基本上粉丝就会源源不断地来。活跃的人多了，就要清理"僵尸粉"，维护好你的粉丝。

第八章

了解提高销售量的技巧，让客户主动下单

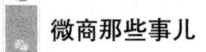

提前做好准备，后面才能少走弯路

微商营销最忌讳的就是不做任何铺垫直接开始销售！在进行微商营销之前，一定要做好充分的准备，然后一步步开展营销工作。具体来说，需要做的准备主要有以下几点。

一、了解你的产品

微商的本质，其实还是做生意、卖东西。要卖东西，就要对自己的产品非常了解。如何了解自己的产品呢？

首先，最好是自己使用过产品，知道具体效果后，才能更好地向别人推介。在试用过程中，要将图片、感受等保存下来，日后发信息，向客户介绍该产品。

其次，对自己产品的特点、功能、成分、背景等都非常了解，以免客户问的时候一问三不知。客户问，产品由什么组成啊？你回答，不知道。客户又问，这产品最大的特色是什么？你还是不知道。如此，谁还会在你这里买东西呢？

再次，确定产品主要的受用人群，把产品优点记下来，在朋友圈里一目了然地展现产品优势。你要做的，就是看自己身边或者能联系到的人哪些是目标客户群，同时记下这群人最感兴趣的点、最影响他们购买的点，以便向其展示产品的优势，引导他们下单。

最后，了解对手的产品，知道他们比你弱在哪里、强在哪里？只有这样才能更好地发展。知己知彼，百战不殆。了解竞品不仅是梳理对手，同时也是对自己产品的梳理。在这个过程中，你就会发现许多自己以前注意不到的点，或许还会得到意外的收获。例如，同样是做减肥产品，要充分调查市场上常见的减肥产品，自身的优势是什么，例如要不要节食、要不要辅助动作、要不要忍受痛苦等。

二、起个好名字，选个好头像

1. 好名字

名字，里面不要带英文和符号；要让别人记住你，可以取一个大众顺口的、便于记住的。好名字，方便传播，可以快速提高知名度。如卖蛋糕的胖子，微信名叫胖子蛋糕，一看就知道是卖蛋糕的，还接地气。微信的名字，可以是你所从事的行业或产品加你的个人外号，名字实在点，用常用字，不要太生涩，一方面便于记忆，一方面便于别人加你。

2. 好头像

很多微商都喜欢选一个美女、帅哥作为自己的头像，以为能以美图吸引客户。恰恰相反，用自己的照片做头像，反而能让别人记住你。引用网络上的图片，好多美女长得很相似，辨识度一点也不高，反而是自己的头像辨识度高。

三、学会角色转换

在做微商之前，你是一个纯消费者，只要考虑自己的付出即可。

做微商后，你就从一个纯消费者转变成了经销商，首先要学会承担责任。成了卖家，客户就会出于各种原因，要你提供很好的售后服务。所以，为了留住客户、获得更大的发展，就要敢于承担责任，要尽量把自己曾经喜欢的服务变成能提供的服务，学会换位思考。

四、学会算账、记账

微商就是做生意，既然是做生意，就要学会算账、记账。否则，一个月下来，自己投入资金是多少、收回资金是多少都不清楚。而且，这里的算账、记账不需要多么复杂的专业知识，简单地计算一下：每天因什么支出多少、因什么入账多少，搞活动时什么样的优惠方式在自己能承受的范围内等即可。一个客户拿了多少货？什么时间点拿的？可以在客户的资料里随时备注清楚就行。

算账、记账还有一个很重要的作用：知道自己不是活雷锋，从而处理好你的人际关系。不要因为一点儿微商利益而失去朋友，也不要为了朋友而做一个不赚钱只出力的老好人。要有恰到好处的利益和人情往来。

五、提供便捷服务

为了提供便捷服务，就要开通能开通的所有银行账户，为双方都提供便利。同时，有条件的微商，还可以申请创建一个免费淘宝店铺，上架一个付款链接，给陌生消费者提供一个线上交易方式。因为有的陌生消费者，对你并不信任，不太相信在自己付款后，你会发货，或者你发货后，别人是否一定会给你钱。有了淘宝店铺，就可以让他在淘宝上拍下产品，产品到了之后，再确认收货，这样双方都有保障。

准时答复客户问题，提高满意度

张泡泡的公司是一家生物科技公司，主要从事女性养护产品的研发与销售。为了宣传产品，张泡泡直接跟客户接触。公司早在一两年前就开始布局微信，先增加微信的好友人数，可是好友的人数上限5000人，无法满足她的要求。一个微信不够就开两个，两个微信不够就开三个，粉丝数量急剧增加。

公司员工每天出门至少要携带4—5部手机，每部手机的微信里都有长期积累下来的客户。随身携带的手机过多，有些员工甚至抱怨："每次出门带这么多手机，别人还以为我是倒卖二手手机的，约个会都要小心翼翼。"不过，他们也知道手机的重要性，因此丝毫不敢懈怠。

如今，公司的养护产品实验室已接近400平方米，并有几十款新产品在加速研发。尽管如此，随身携带多部手机也不是长久之计，作为公司老板，张泡泡一直希望可在一部手机上打开两个微信。

其实，张泡泡就是所有成功微商的缩影：他们手不离机、人在机在、恨不得24小时在线，为的就是能够在第一时间了解客户的动态，及时回复客户提出的问题。

作为微商，客户咨询的时候，回复速度一定要快，且速度越快越好。

客户询问你的问题能够在5秒钟之内得到回复和解答,成功的概率就会很高。本来在当时有一种想购买的冲动与兴趣,可是你过太久没有回复他,等的时间太久,他可能已经没有购买欲望了。因此,做微商的你,一定要及时回复客户的提问,这也是一种职业修养。

在商场购物,你看到一件衣服,向售货员咨询的时候,居然没人搭理你,相信本来打算购买的你,看到没人搭理你,也会兴趣全无。微信中也是同样的道理。所以,要及时回复客户,得罪了客户,也就错过了一个可以成交的机会。

通常,优秀而成功的微商会时刻出现在客户身边,对于客户提出的问题能够及时回答和解决。

一、时刻出现在客户身边

销售的最高境界是润物细无声,悄无声息地让客户记住你、记住你的产品。要想在第一时间回答客户的提问,就要积极地跟他们互动,积极评论朋友圈的每条动态,给客户留下较深的印象,让他们对你产生好感,之后他们自然会主动关注你。你再向对方推荐产品,也会轻松很多,成交的概率也会很高。

二、及时回复客户的留言

客户给你留言以后,尤其是一些有问题的评论,通常都想尽快得到你的答复,等了几天、十几天再来回复,客户就没有兴趣了。客户对你进行留言评价,说明他在关注你。因此,一定要及时回复,实在顾不上,回个表情也行。如果客户留言是对你的赞美,你还可以截图再发出来,如此就变成了口碑营销。

当然,有些微商在与客户交流期间,还会遇到各种各样的问题,不知道如何作答。对于这样的问题,可以做出巧妙回答。

● 客户问：为什么你的产品价格这么高？

回答：我的产品价格为什么高呢？因为我的产品不是小工厂出产的品牌，概念不同，功能也不同，档次不一样。

● 客户问：为什么你的产品价格会那么低？

回答：这是我们在确保质量及售后服务下的卖点，我们走的就是性价比路线。

● 客户问：如果质量出问题了怎么办？

回答：任何产品都无法保证完全没有问题，发现了问题，我们有专业的售后来解决。

● 客户问：你们的质量与×××品牌比怎么样？

回答：同档次的产品性价比我最高。因为我走的是中档产品低价位路线，在市场竞争激烈的情况下我这么做更利于品牌自身发展。

● 客户问：你的服务怎么这么一般？

方法：首先，要及时向客户道歉，认真倾听客户的意见和建议，满足客户的需求，更好地改善客户对你的信任感。其次，作为答谢，也可以做一些精致的礼物送给客户，感谢他为你提供的建议与帮助。

用好心态对待客户，不厌烦

微商是当今创业的当红"炸子鸡"行业，有人从中切到了大鸡腿，有人却连骨头都没捞到，为什么？在当前大环境下，每个人的性格和心理素

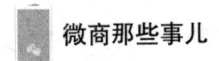
微商那些事儿

质不同,最终导致了结果的差异化,这就是我们常说的心态决定结果。

所谓心态,指的是一个人对事物发展的反应和理解,表现出的不同思想状态和观点。面对世间万物,有人会积极乐观地看待,有的人却只是一味地消极。心态积极可以多一份快乐,自己也更有朝气;而消极的心态只会让人感到沮丧、难过。做微商,也是如此。

很多微商和人聊天的时候总在心里想:如何聊天才能切入到自己的产品上,如何才能让客户立刻下单?脑子里想的都是怎么赚人家的钱,根本就没有花心思去了解人家此刻的心情,聊天的时候就会显得特别没有感情。不用心认真对待人家,人家会喜欢你?

也许当你们还是好朋友、好闺蜜的时候,你所有出发点都是为对方着想,为他打抱不平,为他考虑好一切后果。可是,做微商之后,你的点要放在哪里?是想着如何套路他?还是想着如何把他的钱变成你的钱?

看到对方没有任何想购买自己产品的欲望,有些微商就会失去耐心,甚至还会在心里嘀咕:亏我以前把你当好姐妹、好朋友,给你介绍产品,你都不照顾我生意,宁愿去别人那里买都不找我买,绝交!

心态决定结果。用心对待对方,换来的就是满满的信任;敷衍对方、玩套路,换来的就是人家永远的防备和躲避。

态度是世界上最神奇的力量,它栖息在你的思想深处,左右着你的思维和判断,控制着你的情感与行动。你的生活状态、人生方向,要完全受控于生存态度。

态度是一个人对待事物的一种内心驱动力,不同的态度会产生不同的驱动作用;同时,对待任何事物都不能单纯地抱有一种态度,要将各种不同心态结合起来。作为创业领导者,微商要立于不败之地,需要具备什么样的心态呢?

一、学会反思

微商要不断地反思,包括:与客人沟通的反思、产品推广的反思等。任何微商都不能说自己在微商这一行业里如鱼得水,因为微商这个行业一直都处于变化中,只有不断进行反思,才能更好地成长。

二、把握精准目标

为了加强宣传效果,大部分微商都喜欢广撒网,可是因为池塘太大,往往大量的网撒下去却只有几处能有收获,这就使得付出与收获不成比例。要想让自己的付出获取最大收益,就得找准目标,把所有的精力都放在确定的目标上,时刻提醒自己这就是自己的下一个目标,不要被拒绝几次后就放弃,坚持就是胜利。

三、行动,不偷懒

别做空话党,要做行动派。打算谈下某个客户却不行动,只是空谈。一定要行动起来,即使感觉没什么成功的希望,也要去拼一拼,多用心交友,多提供有价值之物。

四、勇敢一点

对某些客户的指责,初做微商的朋友可能会觉得手足无措,进而会很怕跟指责过自己的客户再次沟通,甚至还会对和客户沟通产生胆怯心理。其实,可以这样想一想:客户之所以指责你,无非是你做得不够好,要么是你的产品有问题,要么是你的沟通有问题……这些都能让你看到自己在经营过程中的不足。再者,你与客户之间只是一种虚拟层次上的沟通,即使你受到指责,也是虚拟上的指责,彼此之间都没见过面,也没什么好担心的。

五、相信下一次成功

一定要有"一次成败并不能说明什么,下次,我要比这一次做得更

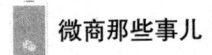

好"的心态,这不是要证明自己是一个拖沓的人,而是证明自己一定会在这次失败中学到经验,下次一定能做到更好。

六、熟悉自家的产品

如果想让自己变得更加出色,就要了解并熟悉自家的产品。面对客户的刁难,才能见招拆招,化被动为主动。

对待客户,一直都要保持好态度

郭霞从事代工厂货品已经有8年时间,虽然取得了一定的成绩,但其中的辛酸苦辣只有郭霞和背后的团队成员心里最清楚。开始的时候,为了能在第一时间把性价比最高的好东西分享给粉丝,郭霞每天都会早早跑去海关和工厂拉货,跟中间商交涉验货。郭霞一点点在淘宝上积攒人气,一步一步地把淘宝店做起来。

多年积攒下来的工厂渠道和中间商是郭霞最宝贵的资源,既然选择了这个行业,她就全身心地投入。这些资源真真切切地让粉丝得到了实惠,如蒙口、加拿大鹅、阿玛尼、耐克、阿迪等货品,都是郭霞亲身体验过的,不仅能够保证性价比,还能保证质量。

近几年,郭霞会不定时地在平台上发布自己去拿货的照片,有去海关的,有去工厂的,还有中间商带着她去的,这些都是她稳稳走过10个春秋的保证。她敢拍着良心说,自己的货品都是原厂的,每批的数量都是定量的,卖完就没了。

郭霞明白，勤奋和诚信是长久经营的保证。无论对待微商代理，还是忠实粉丝，她从来都是认认真真。在从事微商这几年间，郭霞遇到了各种各样的客户，她始终都抱着良好的态度。

作为微商，所有的销售活动都是直接面对客户的，所以要了解、掌握不同客户的性格类型，采用不同的应对方式。要想实现与客户的成功沟通，就要清楚地了解客户的性格。

清楚地了解客户性格并采用相应的沟通方式，是影响成单率的一个重要因素。针对不同类型的客户采取不同的应对措施，并控制调节整个沟通过程的气氛，会极大地提高成单率。同时，还要控制整个沟通的节奏，节奏过快，容易丢失客户；过慢，则造成了单位时间内成单效率过低。一定要学会控制节奏。

不同的人有不同的接受方式，微商如果想达到推销自己的目的，就必须先了解客户乐于接受的方式。

一、太自以为是的客户

这类客户，总是认为自己懂得多，喜欢发表自己的见解。当你进行产品介绍时，他也会打断你的话说："这些，我早知道了。"他们喜欢夸大自己，有着极强的表现欲，可是心里也明白，自己可能不如你了解得多，有时会自找台阶下，说："嗯，你说得对。"面对这种客户，可以采用"欲擒故纵"的方法，在产品介绍之后告诉他："我不打扰您了，您可以自行考虑，有需求的话，随时与我联络。"进行商品说明时，千万不要说得太详细，要稍作保留，让他产生困惑，然后告诉他："我想你对这件商品的优点已有了解，你需要多少呢？"

二、太斤斤计较的客户

善于讨价还价的客户，极喜欢贪小便宜，也不会失去大的好处，他们会用各种各样的理由和手段来拖延交易的达成，同时观察微商的反应。如果微商经验不足，很容易中其圈套，为了得到来之不易的成交机会，主动降低交易条件。

其实，这类客户喜欢讨价还价还是源于本性，并不是对商品或服务有实质性的异议，他在考验微商对交易条件的坚定性。遇到这类客户的时候，要努力营造一种紧张气氛，如现货不多、已有人上门提货等，然后再强调商品或服务的实惠，双管齐下，使其无法斤斤计较从而爽快成交。

三、善于冷静思考的客户

这类客户都喜欢靠在椅背上思索，有时会用怀疑的目光观察对方，有时会表现出一副厌恶的表情；他们的沉默不语，更容易给人一种压迫感。坐地推的时候经常会遇到这样的用户。

在你向这种客户介绍商品时，他会仔细地分析你的为人，想探知到你的态度是否真诚。面对这种客户，最好的办法就是，认真听取他说的每一句话，且铭记在心，然后从他的言词中，推断出他的想法。

此外，还要诚恳而有礼貌地与其交谈。你的态度必须谦和而有分寸，千万不要显出一副迫不及待的样子。不过，在解说商品特性时，则必须热情地予以说明。

四、生性多疑的客户

这种客户对人和人说的话，都持怀疑态度，对商品本身也是如此。在他们心中，多少会存在一些个人烦恼，经常会将怨气发泄在他人身上。

遇到这类客户，要亲切地跟他们交谈，千万不要跟他们争辩；同时，要尽量不给他们施加压力，否则，只会使情况变得更糟；进行产品说明时，态度要沉着，言辞要恳切，同时要观察客户的态度，关切地询问他："我能帮你什么吗？"等到对方完全心平气和后，再按一般方法和他洽谈。

五、感情用事的客户

这类客户容易受到外界环境的影响，做事容易冲动，稍受外界刺激，便会言所欲言、为所欲为，根本就不会顾及后果。例如，他们打断别人的话，借题发挥，妄下断论。对于自己原有的主张或承诺，他们也会因一时兴起，全部推翻或不愿负责任；而且，会为感情冲动的行为而后悔。对于这类客户，应对的原则就是快刀斩乱麻。首先要让对方接受你，然后再向对方说明产品能给他带来的好处并作产品演示。

六、喜欢先入为主的客户

与这种类型的客户聊天时，他们会先发制人地说："没有什么需求，只是先随便看看"。他们作风干练，在与你接触之前，他已经提前准备好了你问什么，他回答什么。有了这样的心理准备，他自然就能与你自由交谈。

事实上，这类客户往往较易成为交易对象。虽然他们在一开始会持否定态度，但对交易来说，这种心理抗拒是最微弱的。对于先前抵抗的话语，可以先不予理会，因为它并不是真心话，只要以热情而真诚的态度亲近他，便容易成交。

七、太固执己见的客户

这类客户做事的时候，一经决定，则不会轻易更改；即使知道自己错了，也会一错到底。他们有时会出言不逊，即使聊了很久，你对他以礼相待，也很难被他接纳。

从心理学上讲，固执的人心底往往是脆弱和寂寞的，他们较普通人更渴望理解和安慰。如果微商能够持之以恒地跟他们交往，能够真诚地对待

微商那些事儿

他们，适时加以恭维，时间长了，就能博得这些人的好感，转化其态度，甚至被认同而成为知己。

八、总是犹豫不决的客户

这类客户外表平和，态度从容，比较容易接近。但长期交往下来，便可发现，他在面对购买活动需要一定的经济付出时就难下决定了。遇到这类顾客，首先要对自己有信心，并把自信转达给对方，同时鼓励对方多思考，并尽可能地使谈话围绕营销重点，不要设定太多、太复杂的问题。

做足八小时，不懈怠

上天给人们最公平的东西就是时间，每天都是 24 小时，每小时 60 分钟，可是为什么有些人做微商成功了，有些人却碌碌无为？最关键的一点就是，失败者不知如何管理时间，很多时间被浪费了。优秀的微商一定是会管理自己时间的人。

如今，已经过了刷屏卖货的时期，单靠刷屏是绝对做不好微商的。如何培养微信好友的信任感？作为微商，又该如何合理分配自己的有效时间呢？

一、花 40% 的时间与粉丝积极互动

互动，可以提高粉丝与你的交流频率，促成私下一对一地交流，进而建立信赖感，接着推动咨询，最终促成交易。人和人之间的交往其实很简单，以心换心，真诚对待彼此，把对方当作好朋友，最后就能走得很远。微商大部分的粉丝互动都在微信群里完成。

二、花 30% 的时间给粉丝、客户代理输出价值

首先,要弄清楚你要分享价值的对象是粉丝,还是客户或代理。要知道,粉丝需要的是什么?代理需要的是什么?买过你产品的客户需要的又是什么?

1. 粉丝需要什么

他们每天上下班,身心俱疲,他们需要快乐、需要正能量、需要八卦。所以,互动的时候,可以针对他们的兴趣点做一些文章。

2. 客户需要什么

客户需要的是你的问候,是你对他使用产品后的跟踪服务。多数微商卖出产品之后就对客户不管不问,这也是复购率低的原因之一。

3. 代理需要什么

代理需要"干货"——销售方法、营销技巧、上级代理的支持和鼓励。所以,要不断地给代理提供有价值的信息,为他们传递正能量。

三、花 20% 的时间与客户真诚交流

也许很多客户对你的产品感兴趣,你却不知道如何问起。这个沟通不是短短的几句话就能搞定的,需要客户问什么你就答什么。客户咨询了,就说明他是有意向的,所以当客户主动咨询你的时候,一定要耐心讲解。当然,前提是你必须掌握专业术语、专业的产品知识、消费心理学等。

四、每天花费 10% 的时间去成交

成交占用的时间最少,因为只要将前面的 90% 都做到了,成交也就水到渠成了。

清楚地知道自己在做什么

两年前,我认识了一位"新农人"朋友叫李云,在五常种稻花香米。

李云说,自己要做"新农人",还向我表达了种好大米的理念和决心,他邀请我加入新农人社群,我的农业圈子豁然开朗,他的动态我也能随时了解到。

在一年多的时间里,李云在社群里找到了很多合作伙伴,还拓展了销售渠道,事业也小有所成。谈到自己成功经验时,他说:"微商就是销售,销售工作的基本法则是,制订销售计划和按计划销售。销售计划管理既包括制订一个切实可行的销售目标,也包括实施这一目标的方法。"

确实如此!在如今的微商市场上,公众号泛滥成灾,微商代理也竞争强烈。毫无计划、漫无目的的微商是很难成功的。因此,要在分析当前市场形势和团队现状的基础上,制订明确的销售目标、回款目标及其他定性目标和定量目标;根据目标编制预算和预算分配方案;落实具体执行的团队人员、职责和时间。

许多微商团队在销售计划的管理上都存在一系列问题:无明确目标的年度、季度、月度市场开发计划;销售目标不是建立在准确把握市场机会、有效组织团队资源的基础上,而是拍脑袋想出来的;销售计划没有按照地区、客户、产品、团队、个人等进行分解，计划无法具体落实；销售计划的各项工作内容没有具体量化到各团队代理头上，代理不能根据分解到自己头上的指标和内容制订具体的销售活动方案，有的代理甚至不知道应该如何制订个人销售方案等。

没有明确的市场开发计划，团队的销售工作就会失去目标；销售策略、方案、措施不配套，预算不确定、人员不落实、销售活动无空间和时间概念，无销售过程监控和效果检验措施，在竞争激烈的市场上，微商的销售工作就会像一只无头苍蝇，横冲直撞，最后撞得头破血流。只有提前制订好计划，才能一步步达成目标。

举个例子，如果你的目标是拥有一栋很大的房子，就不能只讲"大"或"好"，要找出自己心仪的房子，确定它的位置、算出它的价格。然后，计算自己如何才能买到这样的房子，并为之努力奋斗。只有这样，你才可能实现自己的目标。如果想拥有一家公司，就要考虑是什么性质的公司，是与其他人合作，还是自己独创？这些问题都需要量化。目标对于成功来说，真的很重要。

有这样一个故事：

父亲带着三个儿子到草原打野兔，来到草原后，父亲向儿子们提出一个问题："现在，你们看到了什么？"大儿子说："我看见了一望无际的草原、手中的猎枪、草原上的野兔。"父亲叹口气，说："你的回答不对。"二儿子立刻说："我看到了爸爸、哥哥、弟弟、猎枪、野兔、草原。"父亲摇了摇头，又说："你的回答也不对。"小儿子不紧不慢地回答说："我只看见了野兔。"父亲脸上露出喜色说："这才是打猎应有的态度。"

小儿子的回答之所以是正确的,因为目标明确,为他的行动指明了正确的方向。有了明确的目标,就能将自己的行动与目标相匹配,清楚地发现自己的行动是否与目标一致。只有这样,才能保证自己不偏离目标的轨道,才能克服一切困难继续前进,才能通过自己的努力达到目标。

美国博恩·崔西是世界一流效率提升大师,他说:"成功最重要的是知道自己究竟想要什么。成功的首要因素是制订一个明确、具体而且可以衡量的目标。"所以,成功的目标必须是明确的、符合实际的。

第九章

想成为优秀微商，就要具备好心态

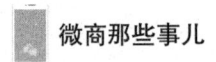 微商那些事儿

像老板一样思考、做事

有这样一则故事：

在美国标准石油公司里，有个叫阿基勃特的小职员，无论是远行还是写书信，甚至在收据上，他都会在签名的下方写上"每桶四美元的标准石油"。董事长洛克菲勒知道了这件事后，邀请他共进晚餐。洛克菲勒卸任后，阿基勃特成为第二任董事长。

简单的事任何人都能做到，但事实是，只有阿基勃特一个人做了，而且坚定不移，乐此不疲。因此，最后也只有他成了董事长。有老板心态的人不一定能成为老板，可是没有老板心态的人肯定成不了老板。

微商也需要有老板心态，如此才会全力以赴。每个微商都是一个创业者，是在给自己卖产品，为自己挣钱，公司只是提供了好的平台和产品。把自己定位成打工者，总认为是在给别人卖产品，别人在赚自己的钱，是做不大的。把自己当成打工者，收入也只能是打工者的收入。

具备老板心态，做事就会全力以赴，再苦再难也要坚持到底，坚持下来就会有结果。三天打鱼两天晒网，心情好就发个朋友圈，不高兴就不发，还要别人督促完成任务，没有把微商当成自己的事业来做，只能赚小

钱，甚至根本就不赚钱。

做微商，无论规模大小，都要有老板心态，努力为自己打拼，事事尽心，不要有丝毫懈怠。遇到问题时，要先从自身找原因，不要给自己留退路，要想尽办法去解决问题。遇到问题总想着逃避，推给老板解决，能推不揽，是无法获得成功的。

现实生活中，总会听到很多抱怨：老加班、工作多、工资低；还有各种攀比，谁怎么怎么样了，我又怎么怎么样了……在生活和工作中总会出现很多的不公，似乎老天总在跟你作对。很多人都渴望自己当老板，可是他们只想到当老板的好，没想到老板的付出，至少在心态上，首先要以老板的心态看问题。

所谓老板心态，指的是一种使命感、责任心、事业心，抱有这种心态，就会从大处着眼、小处着手，就会不断地关注效率、效果、质量、成本和品牌等。所有的微商都要像老板那样执着，像老板那样奉献，尽管现在不是老板，但只要具备了老板的素质和能力，总有一天会成为名副其实的老板。

微商的出现，给普通人创造了成为老板的好机会。将微商当成自己的事业去经营，就会特别上心，就会做得很好；以打工者的心态来做，甚至得过且过，只想着赚快钱，就很难把这份事业做好。想成为一个成功的微商，就要静下心来想想：自己要做老板还是继续当打工者？如何成为一名老板？

一、舍得投入

很多想做微商的，一听到要拿货，就说对方是骗人的。试问：哪个老板是空手套白狼的？抱着打工者心态，也就不会明白怎么去做老板。

二、识人用人

老板，除了在金钱上投入，还要学会识人用人。对微商来说，就是要招代理。不是任何人都可以成为你的代理，只有志同道合的人才能在一起激发出正能量，互相鼓励，共同进步。

三、重视长远利益

做老板，要看重长远利益。只看眼前，采用忽悠招代理压货的模式，并不是微商的本来面目。微商也是商，一定要回归生意的本质。想赚钱，就要把产品卖到终端客户手里，如此才是王道。

四、为客户着想

把客户的事情当自己的事情去做，就能做得更好、更长远。

心态决定了你对事物的看法、决定了你的精神状态、决定了你的执行力。心态决定投入，投入决定产出。好心态，可以让你个人业绩倍增，让团队迅速扩大。要想做好微商，一定要时刻保持老板的心态。

微商要成功，就要转变观念，端正态度。抱怨是无能的表现，低投资取得高回报、高利润那是异想天开，正确的做法是像老板一样思考、像老板一样行动。

做微商就是为自己打工、当自己的小老板，你与上级代理是一种纯粹的合作关系。不要觉得上级代理是靠你来赚钱的，如果你有这种想法，请放弃从事微商，因为任何一种关系，一定是建立在互利基础上的。

不会的东西，就要主动学

有人说："追女生一定要主动出击，才能让自己占据主导的地位，才能抢抓先机，才能让对方接受你的理念。"做微商同样如此。主动出击，才能让你的业绩提升。不管你是微商新人，还是微商老手，只要想赚钱，就一定要主动学习。微商发展速度飞快，停留在微商就是发朋友圈卖货这个概念上，你将无法长远地走下去。

移动互联网时代，信息的更迭和发展速度非常迅速，一时没学习，就会落后于他人。学习心态的有无，决定着你的微商之路能走多远。

很多微商现在做得还可以，觉得自己不学习也行，结果到最后连自己是怎么被淘汰的都不知道。

现阶段，要想做好微商，首先就要学习关于零售产品的知识；对自己产品了解透彻后，再学习朋友圈的零售销售技巧；有了团队后，要学习团队管理的知识，更好地带着团队的伙伴一起发展。所有的这些，都要通过不断的学习来获得。

做微商，要学习产品知识，成为一个领域专家。如果你不专业，客户就没有安全感，产品肯定卖不出去。

做微商，要学习产品制度。对制度充分了解，才能给别人讲述，才能把制度复制。

做微商，要学习销售知识。只有充分了解销售知识和品牌制度，才能和客户顺利沟通。

如今，多数微商都没有做过销售，销售能力非常差，不学习，怎么把产品卖给客户？怎么带团队，实现好的业绩？学历代表过去，能力代表现在，学习代表未来，只有学习能力强的人，才能笑到最后。

可是，只有自己学习还不行，还要将自己的学习内容和方法及时分享给团队，带领团队一起学习。因为，你不是一个人在作战，而是带领一群人在作战。只有团队优秀了，才能提高核心竞争力。

今天，不管你销售的是什么产品、深入的是什么行业，都需要学习。微商是一个新兴的行业，更需要学习。这个行业没有龙头老大，因为是新兴的，所以每个人都是摸着石头过河，要想做好你的产品，需要学习产品相关的专业知识，包括其他公司的产品专业知识等。如此，才能成为真正的微信营销专家。

入髓是一位白领，在一家上市房地产公司的别墅盘做营销经理。2015年的微商，还处于暴力刷屏的阶段，那时她觉得微商就是没有工作的人做的事。后来央企房地产一位营销经理在朋友圈也做起了微商，卖一款排毒瘦身产品，朋友圈发得并不多，一天三五条，也不暴力刷屏，她便关注了起来，好奇为什么一个白领做起了微商。通过了解她明白房地产领域从业者年龄越来越年轻化，素质也越来越高，说不定哪天自己就会被裁员。于是，她在体验产品半月后，也小心翼翼地做起了微商。在上级和团队的带领下，从2015年到现在，三年多的时间，入髓创建了万人大团队，带出了很多月入五位数、六位数的微商大咖。

回过头来看看这三年，入髓在带团队的方法和自我提升方面做出了很多尝试和努力，从当初的微商新人到现在拥有属于自己的微商团队，有泪水、有汗水，但她依然凭借着自己的坚持、耐心和好学精神一点点摸索尝试。

这一路也并不是一帆风顺的，最开始入髓自己出货也不理想，一盒一盒地去推销，当她看到很多人不停地出货、招代理时，非常焦虑，后来通过与上级的沟通和学习，她找到了方法，一直都保持着较好的销售业绩，从最初的卖一盒赚38元到现在坐在家里就可以稳赚六位数，微商不仅让她增加了收入，也让她收获了无数的信任与朋友。同时，在带团队销售的过程中，她把自己的房产销售经验灵活运用，不断更新新代理的卖货方法，确保每一位拿了货的代理都有方法将货卖到终端客户。

学习不应只局限于所卖产品的知识，只了解这个公司的专业知识，还要学习这个行业的专业知识，只有这样你才能说服客户来购买自己的产品。所以，要让自己的专业知识全面、系统，达到一个顶峰。

微商的传播速度非常快，真正想做好自己的事业，还要学习一些养生、健身、服装搭配的知识，因为个人形象也很重要。掌握了这些知识后，要把它融入到培训体系里，帮助每个代理商打造良好的个人形象，最终实现每个代理商赚钱的目标，才是王道。

乐于付出，甘于付出

付出才能得到。如同卖产品一样，越想卖出，可能就越卖不出去。眼看就要成交了，结果由于自己太着急，最后只能眼睁睁地看着自己的单子飞掉。很浅显的道理，却是只有经历过的人才能明白。

大道至简，知行合一。有些事情并没有想象中的复杂，是你把事情复杂化了，最后还把责任推到别人身上。总是一味索取，总想把别人所有的东西都复制过来，不花一分钱，这种心态要不得。不付出，是学不到东西的。

学会花钱，才能赚钱。花了钱，体验到高品位的生活，就会对这种生活产生向往，就会朝着这个方向去努力，这也是一种付出。

说到"付出"这两个字的时候，很多朋友都会问：为什么要主动付出？主动付出对我有什么好处？春种一粒粟，秋收万颗子。你的主动付出就像农民在春天往地里播种一样，种下种子，秋天就会收获很多粮食；相反，如果一个人只懂得索取，从来都不懂得主动付出，你自己都不愿意跟这样的人接触，如此怎么能期望自己在不付出只索取的情况下，有人愿意跟你接触呢？如果想拥有更多的朋友、客户，就要发自内心地去主动付出。付出的越多，收获也会越多。

有些朋友可能会担心，我主动付出很多，结果却没有收获。其实，这种担心根本就没有必要。因为农民种地的时候,也会担心春天把种子种下去,秋天收不到粮食。可是,如果农民因为担心秋天收不到粮食而放弃在春天播种,那么秋天肯定会颗粒无收。农民在春天播种,种下的是种子,收获的是希望和未来。因为担心付出得不到回报而不主动付出,永远都得不到任何回报。请记住:宇宙是圆的,主动付出是回报的起点,只有主动付出,才会有回报。

发红包大家都了解,有些人通过发红包为自己的生意带来了帮助。看到有新人进入,有些微商就会发红包,一般发百元或几百元,多的过千元。这就是一种付出。

李海是个做户外用品的微商,每天只要一进群,就会先发50元红包,然后连续几天发几个大红包。他的这个群和普通群不一样,首先,里面很多都是微商团队的领导人,都是有实力的微商;其次,这是一个小区业主群,活跃度很高,信任度也很强。

发了几次红包后,很多做微商的朋友都纷纷加他微信,开始关注他,大的微商团队也开始关注他,知道他做微商赚了不少钱,产品也不错,一来二往,也都做了他产品的高级合伙人。几个月下来,李海赚了百万元,发出去的红包早就赚回来了。

有舍就有得,没有李海的大手笔、大红包,他人或许根本就不会关注,更不会加入他的团队、购买他的产品。当然,并不需要大家都像李海那样发这么多红包,这里所讲的付出有多种形式,比如,送些自己的产品给对你有帮助的人、帮别人写软文、帮别人转发分享信息等。总之,只要先付出,总会获得相应的回报。

相信自己，一定能做成

一个对自己有信心的人、一个有底气的人、一个对自己的产品和方案充分信任的人，就能把这种自信传递给对方，将对方的情绪调动起来，让对方更容易相信你。所以，一定要百分之百地相信自己。

5年的自媒体生涯，并没有带给李朗多少金钱上的收益。李朗很忙，他觉得，时代在发展，要想让自己变得更好，就不能故步自封。

2011年，李朗觉得机会来了。他看准了B2C商城的崛起，果断开启了自己的独立B2C手工制品商城，当起了淘宝店主。可是，淘宝生涯并没有如想象中那样给李朗带来财富。

在互联网的浪潮中博弈，只有能驾驭新商业逻辑的人，才能顺势而上；未能及时适应新规则的人，就可能面临失败。那时候的李朗，年轻气盛、踌躇满志，结果第一仗就输了个底朝天。因为经验不足，一个人单打独斗，找错了合作厂家，第一批货就出现了严重的质量问题，一夜之间，二十多万元付之东流。

那时的李朗只有26岁，这样的打击对他来说无异于灭顶之灾。此前，为了运作自己的品牌，他向家人、朋友甚至民间借贷机构借钱，一口气投入的二十万元，全化作泡影。

李朗顶住压力，咬紧牙关，没有放弃。2014年年底，在朋友的推荐下，李朗第一次接触了微商创业平台。这时候的微商已经不是什么新鲜行业，朋友圈里，谁还没有几个做微商的朋友在刷屏？加上投入的资金不需要太多，李朗心动了，决定转战微商领域。

不管做任何事情，都没有一蹴而就的成功，每次成功都要经历多次失败，因此，要想成为一个成功的微商，就必须对自己充满信心。

几乎所有的微商销售高手都充分相信自己的产品，他们讲话有底气，敢于给对方做出承诺，甚至超越预期的承诺。这种承诺能让对方更愿意选择购买他的产品，这就是有产品底气的表现。

自信原本就是一种美丽，不要因为自己的外表而闷闷不乐，不要因为自己贫穷而抬不起头。无论你美丽或丑陋，贫穷或富贵，只要昂起头、挺起胸，相信自己，就会变得更强、更快乐。

自信的男人有魅力，自信的女人很漂亮。做微商更需要自信，不管你过去有没有做过微商，哪怕你没有卖过任何东西，人脉少、资源少，只要有颗自信的心，也能将人们吸引过来，自然会有很多客户来买你的产品。

如果连你都不相信自己，人家怎么会购买你的产品，怎么会做你的代理？现实中，性格比较内向、不敢表达出自己的想法、害怕被客户拒绝的人，怎么做微商？一般通过文字沟通。做微商就要与客户沟通，了解客户的真实需求，连自己的想法都不敢表达，无异于在为自己的退缩找借口。

猴哥是一名"90后"的木匠，15岁就出来当木工学徒了，那个时候因为家庭条件不好，没有别的门路，想到的便是一技在手，终身不愁。经过几年的刻苦学习，猴哥成为木工师傅，带了徒弟，也揽了一些活，因为技术精湛，为人踏实少言，很多人家的楼梯和门窗都指定要他做。猴哥是个重细节的人，他做过的活儿都得到客户的认可。几年的时间，通过微信积累了人脉。又因为他常年在装修的环境中工作，明显感觉到有严重的亚健康问题，所以一直在寻找创业的机会。偶然的一次微信群里玩红包游戏时，他认识了一位"90后"女孩，在卖调理肠胃的产品。想到自己儿子肠胃不好，于是他买了两盒尝试，效果不错，后来就代理了这款产品。因为不会发朋友圈，所以就一边干活，一边分享给客户，一边微信添加好友，一个多月的时间，就有了30多个客户在吃他推荐的产品。当猴哥的微信好友突破千人时，他开始学会发朋友圈推销这个产品。通过微信群管理，学会带团队，打字极慢的他，学会了手机键盘的语音输入。因为不懂管理，平时不断外出学习一些课程，他深刻知道，现在团队发展到几千人，必须不断地学习。如今，他月入六位数，建别墅、买豪车，平时不善言辞的猴哥，在微信这个平台成就了一条微商行业的草根逆袭之路。

要想成为一名成功的微商，就要敢于开口，敢于说出自己的真实想法。敢说敢做，勇于面对失败，让自己的内心强大起来，才能在气场上压住别人。通常，微商的自信要从四个方面来体现：

第一，对自己多一些信心。对自己现在做的事情，一定要自信和肯定；或者用肯定的语气去回复客户，让客户感受到你确实能帮他解决问题，跟着你有机会改变自己。

第二，对产品多一些信任。对产品的信心主要体现在对产品的认知度等方面。

第三，对项目多一些信任。要对自己的项目有绝对的信心。相信微商就是创业最好的平台，微商创业相比其他创业项目会更好，微商创业能够让自己的生活得到彻底改变。发展到今天，微商已经改变了很多人，也成就了很多人，别人能够做到的，相信通过努力自己也能做到。

第四，对公司多一些信任。要对依靠的平台（品牌）有足够信心，相信公司的营销决策、相信公司的产品资料、相信公司的供应链等。

严格要求自己，提高自制力

成功的心态始于理想，成功的行动始于自律。无论你有怎样的成功心态，都不能忽视自制力的力量。这种力量就像是最好的监督官，会时刻提醒你的行为；没有自制力，不懂得自我约束，成功也就成了虚无缥缈的东西。

很多人会发现这样一个现象：做了同样的努力，有人成功了，有人却失败了。成功者和失败者可能都知道成功的途径，不同的是，成功者有着极强的自制力，会约束自己去做正确的事情；而不成功的人，不懂自制，总会容忍自己感情用事。

心理学家经过长期研究发现，成功不仅要靠智商，更要靠情商。情商的要素之一就是人的自控能力。要想成功做微商，就要有自我约束的能力，不能让次要的计划或无关的事情将你拉离主轨道。作为微商的你，必须提高自我约束的能力，要从各方面不断排除心里的杂念。自我约束、专心致志，是通向成功的必经之路。

关于自制力，很重要的一个方面就是不能放纵自己的欲望。为了寻求当下的满足，而以牺牲未来为代价，会对你的微商事业造成无法弥补的损失。拿破仑·希尔曾对美国监狱的16万名成年犯人做过一项调查，他发现男女犯人之所以会落入监狱，有90%是因为没有自制力。自制力不强，不但会给他人和社会带来危害，还会让自己受到法律的制裁。

没有自制力，就会缺乏忍耐精神。既不能管理自己，也不能驾驭别人。正是因为忍耐和自我控制，真正的英雄品质才臻于完美。强硬的性情不一定是坏的性情，可是，性情越强硬，就越需要忍耐和自我控制。

做微商更是如此！因为没有人要求上班打卡，全靠自律，必须严格要求自己，不断提升自己的自制力。在现实中，很多微商新人都有这样的感慨：同样很忙，为何别人忙出了业绩，自己却还是个"小白"？因为，能助你业绩连续翻倍的，就是自制力。

兵姐是一位退伍女军人，退伍后先后在银行和家族企业从事管理工作。按理来说，兵姐是一个非常自律的人，她40岁接触微商，也看到背后巨大的财富。所以，在刚接触微商时，兵姐用过去的人脉和积累通过朋友圈推送，把手头的货品销售一空，赚取了零开支微商带来的少额财富。因为传统的企业管理，劳心劳力，她也深深感到必须转型，所以在有了微商团队后，她多花了一些时间在微商团队管理上。但因为家庭、孩子教育、企业管理、朋友社交等众多杂事缠身，经常不能及时看微信，也不能及时服务客户，她在时间分配和团队管理上无法平衡，所以看到和她同时起步的微商伙伴已经赚取了比她多几十倍的财富时，她非常焦虑。后来，她学习了团队协作、时间管理类课程，随着团队日益壮大，她开始全方位调整战略，目前团队发展迅速，效益也明显提高。

任何人身上都存在某种天生的劣根性，喜欢给自己寻找借口，习惯于推脱……不能克服这些劣根性，很可能终身一事无成。而克服这些劣根性的唯一办法，就是具备自制力。

作为一名微商创业者，更需要自制力。很多人之所以自制力差，是由以下因素造成的：

一、临时事件会影响一个人的自制力

很多人开始做微商时，也做了规划，列举每天需要做的内容，如：加多少粉丝、点多少的赞、走心评论多少条。可是正常情况下是，没过多长时间，一连串的事情接连发生，杂事一轰而来，一件件做完后，一天的时间就过去了，结果计划的事都没做。由此可见，很多时候，临时事件很容易影响一个人的自制力。

二、抵触心理会影响一个人的自制力

做的事情出了问题，有些人就会开始抱怨，只知道怪这怪那，这也是影响自制力的一大原因。

三、时间太充裕会影响一个人的自制力

为什么说充裕的时间也会影响自律，这跟人的心理想法有关。依然拿做微商这件事举例，本来几个小时就能完成的群内讲课，因为时间充裕，就会产生怠慢心理。看到时间还有很多，就会悠闲地看看新闻、查查手机；下班后，先叫个餐，吃完饭再加班；快十点了，才开始写课件。如此，谈何自制力。

那么，如何才能提高自制力呢？

第一，保持一定的危机感。以发朋友圈为例，真正做到每天发朋友圈的微商并不多，有些人想发就发，个性的很。你无法坚持分享朋友圈，为什么那些业绩百万的微商却可以？因为他们清楚地知道，如果不更新，微

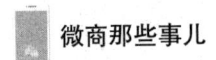

友们就会认为你不做了；不做起来，分分钟就会损失好多钱。你之所以做不到，是因为你只喜欢为所欲为。个性有时也能磨灭你的意志，危机感是自律最佳的动力，为了获得更多的利益，人们自然就会想办法提高自制力。

第二，整理资料，不凌乱。整理术是最能重塑微商自制力的一个方法。许多微商平时想找一条朋友圈发信息，都要找很久，其实只需花5秒钟时间在看到好的文案时备注一下，然后花费不到10分钟的时间加以修改，一条精致的信息就出来了。其实，完全可以花费一些时间，将学过的微商"干货"整理出来，构成一个系统化的辅助资料，然后重新组合学习，效果自然就能提升了。

第三，态度积极，抵制消极。面对一堆事情，不要抵触与抱怨，如果觉得做这件事没有意义，就要学会取舍。那些影响你的无关紧要的事，都可以统统处理掉，如此你的自制力也就提高了。

总之，自制力并不是要你通过各种方法来过度地约束自己，也不是要给自己造成无形的压迫感，而是要在自制力的约束下整理自己的工作与生活。这是一种协调能力，不用过度追求，要慢慢地靠时间去沉淀，最终渗透在你的微商与生活中。要让自制力成为一种习惯，就像我们每天刷牙、洗脸一样。

善于坚持，不会因问题而放弃

微商是一个新名词、是一个新行业，跟淘宝的网商一样，只不过是在不同的平台销售商品。

微商大多数都是"80、90后"，他们不喜欢拘束，崇尚自由，追求个性，热爱社交。微商在销售产品的同时，还认识很多朋友，做得好的能赚取几百万元甚至上千万元。虽然并不是每个微商都能赚到几百上千万元，但至少比那些在公司上班的白领要好一点。

有人在朋友圈发布产品信息一两个月后，看到没有什么人购买，没有成交，失去信心，最后就放弃了；有些朋友几个小时才发一条微信，一天只花费半小时在微信上，很少和好友互动，慢慢地淡出了朋友圈；很多进入这个行业的朋友都感到疲惫，看不到希望，做了一段时间，没有找到好的突破口，没有取得自己预想的成绩，就放弃，退出了微商这个大舞台。有人的地方就有问题，问题的类型不重要，重要的是你如何面对。放弃一旦形成习惯，以后在做其他事情的时候也会遇到困难或问题，难道依然要放弃？人与人之间的智商基本上差不多，区别就在于努力和坚持的程度不同。

伶俐是一位气质型美女，"85后"的湖北北漂姑娘，20岁开始在北京一家婚纱影楼里从小职员做起。三年后，因为吃苦耐劳，又有市场开拓能力，成为这家影楼的店长，曾带领 80 多人的团队在全国做展会，收入不菲。但是因为频繁出差，生活不规律，她感觉到压力太大，而且随着市场竞争的日益激烈，她需要另谋出路。2015 年她接触了微商，短短一年时间就在北京买房买车。然而，两年后，团队内部因为有代理商做其他产品，在团队内部挖人，并散布一些不实言论，辛苦经营两年的团队面临瓦解，但是伶俐认可自己做了两年的产品和企业，坚持带好团队现有人员，不断开拓新市场，继续坚持一年后，团队又有了新的起色。对于微商来说，相信产品质量、坚持维护好代理的利益，也是一种诚信。这种由时间沉淀下来的信任，有着极强的"杀伤力"，超过文字游戏所产生威力数百倍。因此，能活下来的微商，都有其存在的理由。

而另一位原来的小本生意人李平，在微商兴起时，一次偶然的机会，他也做起了微商。通过互联网的粉丝引流技巧，迅速聚集了不少的粉丝，开始带团队做微商，迅速积累了上百万的财富。两年后，因为团队的渠道内部矛盾没有处理好，他放弃了原来的微商公司，原本辛苦经营的团队也没有持续发展下去，而他本人又不愿意回到过去经营小生意，于是在放弃原来的团队一段时间后，又尝试着做了其他的微商平台，可是一年换了五个平台后，似乎没有获得多少财富，反而让他的微友一头雾水，不知他到底要卖什么产品。

微商经历了野蛮生长期后，慢慢沉淀下来进入稳定期。过去，有些微商做法如同传销一样，在"全民致富"的浪潮下，引来了一群想一夜暴富的人；狂欢之后，留下的却是空虚。而真实的微商在此期间悄然复兴。

谈到坚持，不是说浮躁的人就赚不到钱，每个人的存在都是合理的，每个人都有不同的赚钱方式。

每遇到一次挫败或困难，就会动摇一次信心，这是人之常情。可是，成功者与失败者的不同之处就在于，动摇信心的同时，成功者总会说服自己再次树立信心。所以，不要羡慕那些微商做得好的大咖，他们成功的秘诀就是简单的事情重复做，重复的事情坚持做。只要掌握了正确的方法，不厌其烦地坚持做，每天都去做，就能实现最后的成功。具体来说，需要每天坚持做以下四件事。

第一件事：努力吸粉并积极互动。

二八原则，适用于任何事。做微商，80%的赚小钱，20%的赚大钱，并且这20%每天可以赚不少钱。看一下那20%的人每天都在干什么事情呢？他们每天做的第一件事就是吸粉，吸粉不仅局限于微信里的那些有限的流量，他们还会把时间花在线下市场，发展外面的市场，去微信以外的圈子找粉丝，并且不断拓宽社交平台。互动主要有两种方式：一种就是吸引别人主动与你互动，一种是主动发起互动。

为什么微商大咖的影响力越来越大？因为他们每天都在跟周围的人互动，通过分享输送价值，通过分享培养粉丝。如此，粉丝在他们身上得到的越多，学到的东西越多，他们就越心存感激。之后，大咖们如果要销售什么商品，也就变得轻而易举了。互动最好的方式是做活动，做活动最好的方式就是分享，要积极分享你的价值。要想成为微商大咖，必须学会互动和分享。要把自己定位成一个微商分享师，把自己打造成一个大咖，告诉自己：我就是大咖，我懂的知识确实对别人有帮助。

第二件事：健康积极地维系好现在的团队。

通常，微商在起步时，可以迅速把产品和商机分享给自己的几位亲朋好友。慢慢地这些起步时的代理商成为团队的核心力量，代理成员不断地

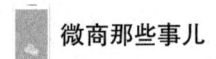

裂变倍增。随着团队的不断壮大，人员层次不一，团队领导人也需要全心全意地维护好渠道，做好销售计划和各级培训，确保代理商个人成长，产品到达终端，使团队进入稳健发展的轨道。

第三件事：巧发朋友圈。

朋友圈是你的广告位，而且完全免费。一点内容都不发，别人就不知道你是营销什么的，让大家用心发好朋友圈，目的是不让大家一味地复制、粘贴别人的东西，而是要有自己的创意，要根据自身的定位去发朋友圈。把自己定位于某个产品行业的专家，之后就可以围绕这个产品的知识点来发朋友圈，只要你发朋友圈就有人看到，每天花十分钟时间去发朋友圈，就会影响一批人。

第四件事：主动学习。

做微商，就是做互联网微营销，有着互联网的特点——更新快。有时候某种营销方法，可能前几天还能用，突然就不能用了。这也要求你必须坚持学习，通过学习别人的方法，总结归纳出适合自己的方法；尤其是团队发展快的微商，一定要多渠道地不断学习，学习营销、学习当教练、学习管理团队，才能有所成，并且越做越大。

感恩所有帮助过自己的人

美国成功学家安东尼指出，成功的第一步就是存有一颗感激之心，时时对自己的现状心存感激，同时对别人为你所做的一切怀有敬意和感激之情。

史蒂文斯原本是个程序员，在软件公司一干就是9年，结果突然失业。当时，他的第三个儿子刚刚出生，他感谢上帝的恩赐，同时也意识到必须找份工作。

有一天，史蒂文斯在报上看到一家软件公司正在招聘程序员，待遇还不错。史蒂文斯便揣着资料，满怀希望地赶到公司。应聘的人数超乎寻常，竞争异常激烈。经过简单的交谈，公司通知他一个星期后参加笔试。凭着过硬的专业知识，在笔试中，史蒂文斯轻松过关，两天后参加复试。

史蒂文斯对自己八年的工作经验无比自信，坚信复试不会有太大的麻烦。可是，教官问了他一个关于软件业未来的发展方向的问题，他从来没有认真思考过。

这次复试，公司对软件业的理解令史蒂文斯耳目一新，虽然应聘失败，他却有所收获，觉得应该给公司写封感谢信表达谢意。于是，他提笔写道："贵公司花费人力、物力，为我提供了笔试、复试的机会。虽然落聘，但我在应聘过程中增长了见识，获益匪浅。感谢你们为此付出的劳动，谢谢。"

这封信确实与众不同！虽然落聘了，但史蒂文斯没有不满，毫无怨言，竟然还给公司写来感谢信，真是闻所未闻。这封信被层层上递，最后送到总裁办公室。总裁看了信后，没说一句话，就将它锁进了抽屉。

三个月后，新年来临，史蒂文斯收到一张精美的新年贺卡，上面写着："尊敬的史蒂文斯先生，如果您愿意，请和我们共度新年。"末尾的署名是上次应聘的公司。原来，公司出现职位空缺，首先就想到了史蒂文斯。

这家公司就是美国微软。十几年后，凭着出色的业绩，史蒂文斯一直做到了副总裁。

成功者之所以能够在很长的时间里一直保持成功，很多人都认为是离不开他人的帮助，包括"时运"。他们不断地向这些帮助表示感谢，并采取多种形式来感恩。相反，在一次成功之后就停滞不前的人，往往是因为他们不会感恩。他们在主观或客观上切断了与曾经帮助过他们的人的联系，认为自己才是成功的唯一源泉。一旦因为更多地关注自我而与外界孤立起来，就丧失了创造力，丧失了人脉资源，丧失了取得更大的成功的机遇。

事实的确如此，感恩的心态可以改变一个人的一生。同样，做微商也必须要有一颗感恩之心。要想做事，必先做人，要想做个成功的微商，就要抱有一种心态：心怀感恩。

在微商群体中，很多人加入了某个团队，做了十天半月之后，看到没有什么起色，就抱怨团队的方法不对，做不出什么名堂来，于是就跳槽到其他团队，去做其他产品。这个产品你做不好，又去做其他产品，结果永远只有一个，就是在不断地学习别人的产品销售方法、接受一个又一个团队培训……如此，毫无意义。

做微商的第一步是选择好的产品和团队，一旦做出了选择，就要虚心学习、坚持到底，只有抱着感恩的心，才能取得最后的成功。优秀的微商都会时刻怀揣一颗感恩之心，感谢老师、感谢公司和团队、感谢每个帮助过自己的人。用什么来感谢对方呢？最好的方式就是用你的努力和成功，只有你经过自己的努力成功了，别人的培养和帮助才能真正发挥作用。

怀有感恩之心最大的受益者不是别人，正是自己。怀有感恩之心，就不会随便抛弃团队和一起奋斗的人，如此也就有了持之以恒的动力去完成你的事业。作为微商，不管哪个朋友买了你的商品、不管买了多少，都要感谢人家，并且要当着全世界的人感谢。

对方之所以要支持你，也许不是因为你的产品好，而是认可你的人，所以他这次购买了你的商品，你就欠了他们一个人情，一定要记得选个合适的时间进行偿还。

只有懂得感恩的人，才能得到他人的尊重和继续帮助。当你拥有感恩之心的时候，微商之路也会越走越顺畅。那么，需要感谢哪些呢？

一、对国家多一些感恩之心

微商的出现，得益于国家互联网的高速发展，因此首先就要对国家表示感谢，感谢国家为微商提供了如此好的环境。

二、对公司及创始人多一些感恩之心

公司为你提供了好的平台和商品，因此一定要对公司和创始人表示感谢。

三、对产品多一些感恩之心

好的产品能为客户解决问题、提供帮助，更能让你赢得客户的好感，因此要对商品表示感谢。感谢它们选中了你，感谢它们为客户提供了帮助，感谢它们为客户解决了问题。产品是基础，没有质量好的产品，业绩也就成了空中楼阁。

四、对客户多一些感恩之心

客户是上帝，客户购买你的商品，对你来说，是一种莫大的支持。要感谢众多客户都在帮助你，并为你做宣传。没有客户，就没有现有的业绩，因此必须感恩。要常跟客户保持联系，过节的时候，对他们表示祝福；过生日的时候，要多加问候。

五、对推荐人多一些感恩之心

推荐人就是你的再生父母，没有他，你甚至连什么是微商都不知道；

没有他,做微商可能上不了路;没有他,更没有现在把微商做好的你。所以,一定要感谢推荐人,感谢他们将你带上了好的微商之路,感谢他们支持你创业,感谢他们让你赚到了钱。

六、对团队的伙伴多一些感恩之心

微商必须感恩团队的伙伴,因为没有他们的信任、跟随和学习,你的微商之路就不会这么顺畅。没有他们,你可能还是一个光杆司令;没有他们,你也学不到这么多东西;没有他们,你赚不到这么多钱。所以,一定要感恩你团队的合作伙伴。

第十章

不要步入微商营销的误区

疯狂加粉丝，认为有粉丝就是有客户

微商营销的过程中，很多人做的第一件事就是，给自己的微信上加很多人，认为：只要有了粉丝，也就有了客户。

有些微商，读了所谓的微信高手文章或听信上级代理传授的"秘籍"，就疯狂地加粉丝，恨不得把微信好友加满。于是，就出现了很多加粉的微信群，群名称都写着"进群加群主"之类的。但真的管用吗？加了那么多好友，价值高的有多少？

其实，在微商这条道路上，并不是粉丝越多就越成功。有的微商粉丝只有500人，却能够月入5万元；有的微商手头上几千人，每个月的业绩却少得可怜，原因何在？很简单，人家的500人都是精准粉丝，只要上了新货，就会有人主动下单；而你的几千人，却是死粉，平时连你的文案内容都不看，怎么会买你的商品？

因此，开始做微商时，不要一厢情愿地奢望一夜之间就能获得成千上万的粉丝。粉丝再多，无法提高销售量，也没什么作用。因此，不要急于求成，加粉丝的时候，不要一天十几个、几十个来加，一定要慢一点、稳一点，要关注粉丝质量，然后再找到确实有需求的粉丝，继而逐渐扩大规模。

积累粉丝，需要脚踏实地，如此才能做大。高质量的粉丝累计到一定程度，才能钱生钱。那么，如何才能吸引到精准客户呢？

首先，要了解一个词：目标客户群体。所谓精准粉丝，并不是已经拥有该产品的人，而是指拥有购买意向的人。微商可以通过各种途径来找到这类粉丝，但不用主动添加。事实证明，主动添加粉丝，效果非常差；被动添加的粉丝，也基本上没有任何意义。因此，即使找到客户也不要主动添加，要通过各种方式吸引客户，让他们主动加你。

其次，想在互联网上做精准引流，就要知道自己的精准目标人群。清晰的用户画像有助于确定引流方法的执行，能够明确你要发布的图文信息的内容和方向，以及你的精准引流运作模式。当然，前提是要看你的产品是如何定位的，如果你是做护肤品的，主要群体就是女性。接着，要了解你的产品能够给对方带来什么？对方有哪些皮肤问题需要解决？你的产品有什么功效？你的目标用户是否认同你的产品理念、能否接受你的产品价位，能否为你带来后期的转介绍和口碑宣传？

最后，好好筛选客户，最终留下精准客户。通常，精准客户都有这样几个特征：

①有联系方式，需求不明确。

②有联系方式，高收入人群。

③有联系方式，高收入，知道他们的职业背景。

④有联系方式，高收入，职业背景明确，有在相应渠道购买过产品的经验。

⑤有联系方式，高收入，职业背景明确，拥有在相应渠道购买过相应的产品。

⑥买过多次同类产品。

⑦买过多次，且单价高。

⑧买过多次，单价高，且是在最近 30 天内购买的。

⑨知道竞争对手正在对他进行销售。

⑩多次在你这里购买单价高的产品。

要做精准引流，就要将潜在客户从前面 10 类客户中筛选出来。当然，并不是让你到竞争对手那里去挖客户，而是要有利于层层筛选，留下最精准客户。

刷屏刷广告，以为越多人看到会越多人购买

很多微商新人都认为，多刷屏，让更多的人看到，销量就会增加。其实，在朋友圈频刷广告，最容易招人烦。

微信还有一个强大的功能，就是屏蔽某人的微信朋友圈。这里，我们并不是说不能发朋友圈，只是想告诉大家——不要刷屏，不要一味地发广告，要通过一些热点信息和高质量信息让别人喜欢上你发的内容。如果大家都对你发的内容感兴趣，就可以再发条广告，如此大家也容易接受。

用较低的频次，换来较高的关注度，提升朋友圈刷屏的效率，对朋友圈营销有很大的帮助。做微商，刷屏是必须的，那么该如何做到不让别人反感呢？或者说，应该如何正确刷屏呢？

影响朋友圈文案效果的因素有很多，其中最容易忽略的一个因素——刷屏的时间段。因此，要想提高刷屏的效果，就要从各时间段入手。

一、早上刚起床时

很多年轻人早上起床的第一件事就是摸手机，然后刷朋友圈。所以，完全可以在这个时间段发一条朋友圈信息，内容可以是早安之类的祝福语，或者你昨天做了什么美梦，或者直接写一句比较正能量的话。一日之计在于晨，早上起床提提神，内容一定要应景、正能量。

切忌：尽量不要大早上刷广告，除非你的广告能让人心情愉悦。早上发完消息后，还要到朋友圈点点赞、发发评论。这也是情感沟通的一种好方法，关注你的朋友多了，关注你的产品自然也就会增多。

二、中午时间

上午9点到12点，人们通常都在上班，比较忙，朋友圈消息阅读频次也会比早上低很多。中午是大家点餐或等待吃饭的时间，这时候很多人就会习惯性打开微信朋友圈。在这个时间段，可以发一条轻松搞笑的段子，或者讨论下今天比较热门的新闻。当然，如果能创作出接地气儿的段子就更好了。

网络上，搞笑的段子有很多，平时要多留意网络笑话，多积累一些素材。这一点，可以根据自己情况自由发挥。朋友圈图文中，如果能顺带植入一些产品广告就更好了，在朋友圈消息配的图片中最好出现产品广告元素，不能直接用一张张质量较低的广告图刷屏。

如果中午有应酬去酒店、餐厅，可以拍一些高大上的照片，之后发布在朋友圈，让大家猜猜中午吃的是什么？或者你在哪里？通过侧面借力的方式，提升自己在朋友圈好友心中的印象。

三、下午2—3点

下午2—3点是上班时间，在上班之前，很多人也会习惯性地打开微信看一看朋友圈。这时，你可以看一下热门微博，挑选一条相对比较能

微商那些事儿

引起大家互动的热门话题。例如，×××明星的娱乐新闻；今天×××又跌了，幸亏我没买等。总之，要选择大家喜欢参与互动的信息。

四、下班时间

下班时间一般是6点左右，这个时间段，下班早一点的可能正准备吃晚饭；下班晚的，可能正在公交车或地铁里。这个时间点，完全可以晒一张美食图，拉个仇恨。当然，最好是一看就能让人觉得"色香味俱全"的美食照片，如红烧排骨、水果沙拉等。如果自己看着都没食欲，就别晒了。要让别人知道你是个有品位的人、是个有生活质感的人、是个对生活有追求的人。

五、晚上8—11点

科技的发展给我们的生活带来了许多变化，可是大家茶余饭后消遣娱乐的习惯依然没有改变，消遣的方式已经从过去的看电视、上网泡论坛，改为现在的刷微信朋友圈。晚上8—11点是朋友圈活跃度最高的时候，在线人数比较多，人们也比较闲。这时，就可以发些软广告，比如晒单、晒收入、晒客户反馈、晒聊天记录等。

同时，由于好友在线人数比较多，频次要稍微高一些，可以发3—4条内容，差不多每小时1条。此外，还可以做些互动游戏，比如征集小活动、接龙游戏、猜谜语等，也可以晒个图、点个赞、送个红包等。

重代理、轻产品，陷入招代理怪圈

从一开始，微商就进入一个怪圈——招代理，让代理来买产品。这个模式也有一定的好处和效果，但不要忘记，不论是电商、实体店，还是微商，最终的目的还是要将产品销售出去。只要产品好，不论通过哪种渠道，都能获得收益。

现在的微商营销模式就是"招代理"，代理再"招代理"。我认为，正确的营销方式应该是卖产品给客户，然后让客户推荐的客户来买产品。为了做好微商，首先就要保证产品好，其次才是有好的销售方式和途径。要想成功做微商，就要根据自己的优势，选出自己的"拳头"产品。

做微商之前，要先考虑一个问题：我的优势资源在哪里？产品在同行业有没有核心竞争力？产地归属很重要。如果你销售的是阿胶，东阿产地的就有优势；如果卖的是海参，沿海产地的就有优势。

同时，还需要考虑代理的产品流动问题。如果你卖的是耐用品，代理一次进货几万元后，可能需要半年时间才能销售到达终端，这个时候，一定要不断地进行团队培训，帮助代理把产品销售到终端，不能代理提货了就不管了。所以，一般微商应该选择高消耗又易被大众接受的商品，这样到达终端快，复购也高，代理也会短期内再次补货，渠道的货物流动良好，团队也能良性发展。

微商那些事儿

快乐宝贝是卖内衣的微商,因为自己无意中购买一款内衣,感觉质量非常好,舒适度也好,就想再买两件送给姐姐穿,然后上级代理建议她做代理,款式和颜色都可以自由选择。但是她为了利润最大化,进了两万多元的内衣之后才发现,顾客对内衣的尺码、颜色、款式都有要求。她的库存,在有顾客来购买时,要么尺码没了、要么颜色没了,调换又非常麻烦;而且,因为一件内衣的穿着时间比较长,一般的女性不会频繁更换内衣。在她做了四个月后,就感觉没什么人购买她的内衣了。可是还有一万多元的库存,她找上级代理换尺码和颜色时,上级代理说换不了。快乐宝贝本来觉得卖内衣应该是很可靠的事情,没想到还是掉进了坑里,最后剩下一堆尺码比较大、颜色也不受大众欢迎的内衣无法销售出去。

近两年,微商生意越来越红火。同时,产品质量没有保证、退货渠道不畅,产品质量和售后服务问题成倍增长;其间,还充斥着很多假货。销售假货,会影响客户体验,严重的甚至还需承担法律责任,最终也不能长久。用假货骗人,最后都得不偿失,不仅会失去朋友,还会让整个行业面临信任危机。

朋友圈是一个基于熟人或精准客户的圈子,在这个圈子中人与人之间是有一定信任度的。决不能拿信任当儿戏,销售也要建立在信任之上。只有给客户带来放心、有价值的产品,客户才会信任你。用A货(仿品)、假货等欺骗朋友的信任,一旦信任决堤,你将永远失去朋友。

微商产品的选择,需要注意这样几个要素。

一、品质过硬

微营销是个人品牌营销,是一种基于社交圈的营销。只有好的产品才能持续发展,这点毋庸置疑。如果要长期发展,一定要选择产品质过硬、质量靠谱的产品。

二、通用性强

选择的产品必须有一定的市场需求、消费人群；同时，这个消费人群还能不断扩大，能够满足业务扩张的需要。另外，此类消费人群最好是对品质生活有高要求的人群，产品必须是他们生活中不可缺少的个性化用品，如美容、护肤类产品等；或者是功能性产品，如佩戴型、礼品型、保健品型产品等。

对刚进入这个领域的新手微商来说，除非掌握了特殊的人脉或商品资源，否则千万不要轻易尝试做小众产品，例如，字画、古董等。

三、重复购买率高

微营销不是无休止销售，需要通过口碑产生重复购买；而且，每个微商开发客户的能力都有限，最好选择一个可以重复购买的产品。微信营销做的是朋友生意，以情感、价值为主，朋友的再次消费可以加深彼此之间的关系；如果朋友消费一次就不再需要了，是很难产生回头客的，营销工作也会变得很吃力。

四、竞争相对小

选择的产品，竞争相对要小，不要太激烈。现在很多人在微信里面卖衣服、鞋子和包包等，效果都不理想。大家都有在淘宝上购物的经历，淘宝卖得最好的类目是什么？衣服、鞋子和包包。既然知道这一点，为何还要在微信上卖这些东西？淘宝上的商品，价格都有一定的优势，直接和淘宝竞争，是很难做大、做强的。

选择行业的时候，要尽量选择朝阳产业，因为这些行业势头是不断上升的。跟着这个势头来做，过程会相对容易很多。小米创始人雷军说过，找到一个"风口"，猪也能飞起来。微商也要找到行业势头，让自己飞起

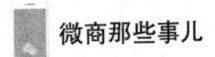

来。目前几个比较主流的产业有：美容护肤、健康、教育、现代农业、医疗、娱乐等。

五、易展示、易传播

如今，大多数微商都在手机端宣传、推广产品。可是，手机的屏幕有限，复杂的商品很难看清细节，如服装，图片和文字都很难完整地表达出这件衣服到底如何，因此要避开这样的产品，最好选择容易展示、容易传播的产品。

产品的效果立竿见影或产品本身具有话题性，传播起来就会事半功倍。例如，减肥，减肥成功后，会有对比图，本身就能产生话题和吸引力；祛痘，用产品之前，皮肤暗沉、干涩、长痘，使用完之后皮肤变得白润透亮，效果对比明显。女性都爱美，皮肤调理好之后喜欢拿出手机自拍，然后发到自己的朋友圈，这样就在无形中进行了宣传。

六、售后简单

产品的售后服务一定要简单。当然，这里的售后服务是指产品本身的使用情况，而不是指对客户提供的售后服务。比如，零食买回去可以直接食用，面膜买回后可以直接贴，不需要教客户怎么使用，也不用提供现场服务。

心灵鸡汤，微信文章营销误区

心灵鸡汤是微商最常使用的"招代理"方式，什么月入几万元、日入多少之类的例子不胜枚举。但真正做到这种程度的人还是少数，大部分人是月入几千元。

很多人都知道，很多心灵鸡汤都是虚的，目的是为了吸引客户。做微信营销离不开好文章，但要少一些心灵鸡汤。踏踏实实地做好产品销售和宣传，最后你会发现，只有好产品才能留住客户。

如今，打开微商的朋友圈，多半都是在不停地发各种心灵鸡汤，真的有效吗？加拿大滑铁卢大学心理学家做过一个实验，他们设计了一个"四步验证法"，对近300位实验对象对"心灵鸡汤"的接受程度与智力之间的关系进行了检测，结果发现：经常在社交网站上发表鼓舞人心名言的人，智商和认知水平都要低于常人，他们更容易被洗脑。

目前，社交网络上充斥着大量的垃圾消息，大家每天都不得不对抗这些无用内容，精神上非常疲惫。过多的"鸡汤"不但无法取得良好的效果，还可能适得其反。作为微商新人，与其将大部分精力放到心灵鸡汤上，倒不如多琢磨产品的销售，毕竟卖出产品才是你的最终目的。既然要做微商，就要屏蔽掉这些所谓的心灵鸡汤，不要在上面浪费过多的时间，要少睡觉、常思考。

一、微信广点通

过去，很多商家总抱怨微信商城推广难度大，即使想花钱也没地方。有了广点通，营销能力不是很强的微信商家也可以很好地进行推广。使用广点通时，投放的微商广告信息会出现在微信公众大号的图文信息末端，这些广告通常都能带来精准而又优质的粉丝。

二、推客推广

这种方法可以充分利用微信的朋友圈撬动每个微推客背后的人脉资源，几乎每个微信用户都有可能成为你的推销员；而且，推客推广是根据效果进行支付佣金，风险较小，值得一试。

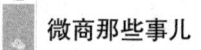

三、会员邀请与后续服务

要激励会员邀请新朋友关注，要给他们适当的奖励，例如，关注送赠品、送会员卡等，都是有效吸引新粉丝的手段；当然，还可以在赠品上印上产品的logo进行品牌推广。总之，只有给用户创造超预期的惊喜，才能获得更多回头客和忠诚客户。

四、线上引流

在网站的首页和内容页显眼位置放置自己的微信二维码，让网络的访问流进入微信商城，为了吸引客户，可以适当采用免邮、优惠券等优惠措施。

五、论坛的运用

在高流量论坛进行高质量文章的创作，并搭配二维码图片，合理地引导网络人群扫码关注。

六、权威推广

跟一些微信或微博大V们合作，借助其影响力在其平台发布优惠信息，可以根据节日、热点话题设计秒杀、抽奖等活动，让更多的人参与进来。当然，这种方法需要手里有一定的资源。

七、问答推广

合理地利用百度百科、百度知道、搜狗问答等，为客户答疑解惑，巧妙地进行推广。

八、以号养号

利用通讯录、QQ号、群组、附近的人等不断导入目标人群，之后再通过简单的交流提高他人对你微信账号的关注度。

九、产品包装

产品的外包装是对品牌最好的宣传，可以根据客单价制作不同包装。

例如，双层包装、礼盒包装。可以循环利用袋装，不能让包装袋成为一次性装载袋。可以在快递包装盒印上微信商城或商品二维码，还可以根据客户的需求进行个性化包装。

十、线下并行

让二维码出现在本地的各大角落，对人们造成视觉冲击，就可以让对方在不知不觉中记住你的产品，包括印有二维码的宣传单页、海报、易拉宝、制服、包装、户外广告、车身等。每个微商都可以根据投入的多少来策划此类活动。

发红包，越多越好

现在，微信是所有手机用户打开频率最多的应用，而微信里又到处都是做微商的朋友。大家都想精准引流，可是试来试去，也没有什么好方法。其实，世界上没有真正免费的东西，很多人都陷入了"免费推广"的误区。殊不知，免费的东西往往效率都很低，并且在各个行业中不具有可复制性。

我做微商一年多后，意识到必须重新引流，于是自己建立了一个微信红包群，拉了50位活跃的女微友，然后分几次发了100元红包，群里一下热闹开了。我对大家说："如果想要更多的红包，就自己建个新群拉我进去，或者把自己的好友拉进来。你们先拉，5分钟后开始发红包。"这样一来，就能保证所有群都是新建的，活跃度最高。

之后，我又对大家说："我现在发一个 5 元的红包，谁抢的最多，我就单独发个 100 元的给她。可是你们得加我好友，不然到时候没法单独发。"发完第一轮红包 100 元后，能拉的好友也差不多了。

当晚，我一共加了 600 多位好友，投放红包金额为 500 元，平均每个粉丝获得近 1 元。这个价格差不多就是现在微信公众号刷粉的最低价格。

不可否认，在很多时候，红包确实是一种非常有用的引流方式，但这并不意味着红包发得越多越好。即使你有钱，即使你任性，无缘无故地发红包，也不是一种好的宣传方法。看似发红包，能让粉丝增长，能让群活跃度增加，其实也只是吸引了一些想要从你身上获得好处的人，无法从他们身上赚钱。

很多微商为了提高广告信息的打开率，会发这样一条信息：信息的最上面一行写上跟红包提示信息一样的文字，可是点开是广告。不可否认，收到消息后，大部分人都会点开，可是这样做，只会让想收到你红包的人觉得你是个骗子。所以，别再使用这种自杀式营销了。

红包，虽说是非常重要的引流方式，可是在运用的时候，也不能随心所欲，必须掌握一定的技巧。

一、红包发言

所谓红包发言，就是把自己要说的话写在红包里发出来，而且必须是用红包的方式。一旦形成壮观的红包雨，社群气氛就能一下子被带动起来。这种方法，对前期破冰和活动前的造势都有很大的用处。

二、通知红包

在发布重要通知前先发一波红包，能引起群成员的注意，调动气氛之后再发布通知，会产生不错的效果。通知红包一般在重要活动前发布，但不能太频繁，否则就会偏离了社群主题，分散成员的注意力。

三、介绍红包

新人进群或者新群组建的时候，都有个自我介绍的过程。为了吸引大家的注意，为了让介绍者收到良好的反馈，在每个人做自我介绍之前，要先发个1元红包，再发自己的介绍信息。这样，既可以在一开始调动气氛，又能很好地完成成员之间的破冰。

做分享的时候，也可以通过红包的形式活跃气氛，让客户的反馈更强烈。还可以结合课程提问，给回答正确的人发红包。多发红包，不仅能提高人气，还能让大家更认真地听课。

四、马甲红包

玩红包雨或红包接龙等游戏时，设立几个马甲账号积极反馈，可以在一开始就把群的气氛带起来，逐渐就会有更多的人加入。例如，一次性有10—20个人批量发红包，能迅速产生轰动效应。

五、红包游戏

红包游戏是大家都比较熟悉的方式，比如，红包接龙，手气最好或最差的发下一个红包；或者用微信里的摇骰子功能，让点数大的或点数小的发。如此，氛围就会越来越热烈。当然，还能通过自黑、调侃等方式来增进友谊。

六、专属红包

如果想结识群里的某个人，但他不认识你，就可以在群里发专属红包，标注上他的昵称。通常情况下，红包都会被别人抢走，连续发七八个，就能引起他人的注意。这时候，大家讨论的话题就是他、你和红包，自然就能把你们联系起来。如此，对方就会对你留下深刻的印象，再进一步加好友沟通，其他事情就好办多了。

后记
只要掌握方法，你也能成为优秀的微商

明霞是一位利用微信卖衣服的兼职微商，她在城市长大，天生爱美，从小就特别会穿衣打扮，为人热情又真诚，她的微信好友多数都是小学、初中、高中、大学的同学，以及同事、前同事、朋友或朋友的朋友。

她原本在服装店工作，之后考虑在微信朋友圈里同步销售衣服。刚开始的时候，很多朋友都对她的衣服感兴趣，衣服在短时间里销售一空。她深受鼓舞，第二次进货的时候，便多进了一些。每天都会在朋友圈发十几个广告，结果关注她的人越来越少，有些人甚至还将她屏蔽了。明霞将自己的烦恼说给一位朋友听，朋友告诉她，广告发得太勤了。在朋友的善意提醒下，她了解了发布广告的技巧，不再重视广告的数量，开始关注广告的质量。由于她的衣服款式新颖、质量有保证，通过微信好友的不断传播，更多的朋友加她的微信。有了前期频繁发广告被屏蔽的经历，明霞意识到不能太急功近利，既然是兼职，只要量力而行就好。现在，她只经营现有的1000多位用户，也能轻松获得不错的收益。

无独有偶！

后　记　只要掌握方法，你也能成为优秀的微商

忠贵是一位"70后"、小学文化的农村妇女，全国各地四处打工谋生，丈夫也是老实人，两口子曾靠摆摊谋生，在城市里见多了冷眼，万家灯火下想要有自己的一套房子。于是，在2014年开始就接触了不挑学历和背景的微商，经过四年的努力，夫妻共同管理，如今团队裂变到上万人，她在成都有了两套房子、两辆车，孩子也接受了不错的教育，在城市里扎根下来，本人的气质和形象也发生了巨变。

"90后"刘冲，家境富裕，独生女。大学毕业后，没有找到合适的工作岗位，也不具备创业投资重资产生意的能力，母亲建议她做微商积累销售经验和人脉。如今，她一边学带团队销售产品，一边累积人脉，不但能自食其力，而且为人处世的能力也日渐提高。

来自湖北农村的熊熊老师，是个典型的"80后"。她家境并不富裕，高中毕业后就不再上学，南下深圳打工赚钱，后有了自己的钢琴培训学校，赚的钱供弟弟上大学、读研究生。结婚后，老公创业，开了一家电子厂，有着老板和老板娘双重身份的熊熊老师，还想继续开辟一条新的创业之路。于是在微商兴起时，在一个客户手上接触了微商某减肥产品，自己减肥并受益后开始代理，如今团队几千人，收入超过了钢琴培训学校的利润。

从德国留学归来的李星，曾在北京一家银行工作，年入数十万元，但是压力太大。她本人又喜欢轻松自由的生活方式，工作几年后，结婚生子，但是感觉自己学得一身本领闲在家又不甘心，于是也做起了微商，因为留学时积累了不少的人脉，同学众多，为人处事也是广受欢迎，所以做微商不到一年就赚取了近百万元的财富。

来自大连的高女士，大学毕业后在外企工作。因不想一辈子打工，20多岁就独自创业，开了一家大型的产后康复中心，一年净利润数百万元。

经营数年来，感觉投入过大，市场竞争激烈，她也转型微商带团队，全国各地开发市场，目前的微商事业做得风生水起，月入百万元。

如今，很多人都已经投身到微商大军中，可是从事者众多，大有作为者却不多。在人们羡慕成功者的同时，也知道微商看似简单，做好却不易。其实，微商并不像你想象的那么简单，也并非别人对你所做的事情产生兴趣就能将他们吸引过来，产生销量。

平时去商场买衣服的时候，如果销售员只是一味地向你推销衣服，却不知道你究竟喜欢什么款式？不知道你要在什么场合穿？想穿成什么风格？即使对方极力向你推销，你也不会心甘情愿地去试穿。反之，销售员如果知道了你的兴趣所在，就能轻松出单。

选择永远比努力重要！开始的时候就选错了方向，即使付出很多，也是在为错误决定买单。将自己努力的重心都放在强求对方接受你的信息上，永远成不了优秀的微商。所以，整天盲目地刷朋友圈，并不是做好微商的重点，微商的重点是让对方对你做的事情感兴趣，并且相信你、接受你，继而成为你的合作伙伴。

想成为优秀微商的方法千万种，虽然此书中介绍的方法数量有限，却是最需要掌握的精华所在。只要学习之后加以运用，定然能够为微商朋友们提供帮助。我相信，只要大家掌握了这些方法，微商的经营之路定能越走越远！